身体语言心理学

Shen Ti Yu Yan Xin Li Xue

彩沄心理◎编著

中国纺织出版社

内 容 提 要

生活中，人们习惯于关注有声语言而忽视身体语言，而实际上，身体语言是我们人类最原始的沟通系统。读懂他人的身体语言，能帮助我们轻松了解他人真实心理、意图，是我们能辨明人际关系、轻松驾驭人心的准确线索。

本书从心理学的角度出发，从人的外貌特征、言行举止、衣着装扮、生活习惯、情绪思维等方面入手，教你如何通过身体的语言来了解对方，进而清晰地看到对方的性格和真实心理，最终为你的成功奠定基础！

图书在版编目（CIP）数据

身体语言心理学／彩沄心理编著.--北京：中国纺织出版社，2017.12（2025.3重印）
ISBN 978-7-5180-4460-3

Ⅰ.①身… Ⅱ.①彩… Ⅲ.①身势语—通俗读物 Ⅳ.①H026.3-49

中国版本图书馆CIP数据核字（2017）第313492号

责任编辑：闫　星　　特约编辑：王佳新　　责任印制：储志伟

中国纺织出版社出版发行
地址：北京市朝阳区百子湾东里A407号楼　邮政编码：100124
销售电话：010—67004422　传真：010—87155801
http：//www.c-textilep.com
E-mail：faxing@c-textilep.com
中国纺织出版社天猫旗舰店
官方微博http：//weibo.com/2119887771
三河市金兆印刷装订有限公司印刷　各地新华书店经销
2017年12月第1版　2025年3月第5次印刷
开本：710×1000　1/16　印张：13
字数：196千字　定价：69.80元

前言

生活中，我们每个人都是社会的人，都难免不了要与各种各样的人打交道。在不同的社交场合下，每个人扮演的都是不同的角色，也就需要不同的人格面具。并且，出于不同的目的，或是出于善意的自我保护，或是为了征服他人，或是因为包藏祸心，人们并非以真实面目示人。那么，对于每天出现在你生活中的人，你能确定你都了解吗？他们展示给你的，是真实的一面吗？对于自己的朋友、上级、同事，你又知道多少？

事实上，任何一个人，在人际交往中，都必须学会一项本事——了解他人的心理，否则，就无法对交流对象作出正确的判断，就会造成人际之间的隔阂，那么，就很难保持良好的人际关系，也不容易办成事。要知道，人脉就是一张关系网，火眼金睛、有洞察力的人才能掌握这张关系网中的每一个人，和每个人都搞好关系，然后利用良好的人脉关系达到自己的目的，以顺利地登上成功的宝座！

其实，正确认识和判断一个人并不难，只要我们能学会细心观察他人的身体语言。的确，在那些看似不经意的身体动作的背后，都隐藏了一定的秘密。他人的一些生活习惯，如说话习惯、书写风格、吃相醉态、看电视的习惯等，也是他们的性格和行为状态的外显。又如，对方的服饰打扮乃至一个细小的装饰品，也透露了他们的性格、品位……除此之外，在具体的环境下，我们应该学会实施一些心理小计策，无论是在职场、社交场合还是恋爱中，掌握他人的心理动态，然后对症下药，都能让我们说对的话、做对的事，获得我们想要的结果。

可见，在这个社会上，只有识人，你才能在交际中左右逢源；只有识人，你才能获得真正的朋友和爱人；只有识人，你才能占领博弈的制高点，赢得与对手的对决，从而拥有一个圆满幸福的人生。

可以说，本书就是一本实用的心理学教程，它能给你一双识人的慧眼，一把量人的尺度。翻开这本书，你会发现，它是非常详尽的读心术指导手册，它会教你在与人交往的过程中如何用一双眼睛洞察周围的事物和周围人的想法，从而用一种正确的方式来应对周围形形色色的人，助你到达成功的彼岸，赢得幸福的人生！

编著者

2017 年 3 月

目录

Part1　初次见面，以貌取人

Part2　初步了解，察言观色

Part3　深入接触，洞悉为人

Part 1

初次见面，以貌取人

第一章　观貌知人，由相貌了解他人

以貌取人，看似片面，却也有一定的道理。你的一张脸，五官七孔生成如何，都透露了你的信息。通过一个人的相貌，我们就可以看出他是一身浩然正气，还是行事唯唯诺诺；是刚正不阿，还是贪财好色。他的五官，早就公开地出卖了他……

由眉毛了解他人

眉毛的功用是保护眼睛，但眉毛所传递的信息也是丰富多彩的。一对眉毛，能够影响自身的面貌，体现自身的性格特征。像三国中的猛张飞，水浒中的黑旋风李逵，观其眉就能知其性，眉毛无形之中透露了太多的无声信息，对于破解对方性格、掌握他人心态具有十分重要的作用。下面我们来具体分析：

一字眉：气概不凡

所谓一字眉，即是眉毛处呈一条直线，长得比较清秀，形似一字之状。一般而言，具有此种眉型的人大都是气概不凡、富有斗志、志气远大的人。拥有一字眉的人为人耿直，个性比较刚强，意志力较强，做事有原则有魄力。

这种人比较适合一些强度较大、富有挑战性的工作。对女性而言，大多外刚内柔，对自己的要求严格，对错分明，并且很有魅力。她们如果婚后在外工作的话，反而能令家庭生活幸福美满，增进夫妻之间的感情。

月眉：人见人爱

月眉就是长得像新弦月般又清又秀的眉毛。具有此种眉毛的人，一般生性比较宽厚、温柔、含蓄，招人喜欢，在朋友中很有人缘，兄弟姐妹之间也非常团结、和睦。他们感情细腻丰富，考虑事情周到、长远，脑筋也比较聪明、灵活。

拥有月眉的人比较适合在文学、艺术或者是演艺方面发展。

柳叶眉：真诚守信

柳叶眉，顾名思义，眉毛如柳叶般弯曲，线条比较漂亮。柳叶眉看似昏浊但实际上比较清秀。这些人大都生于富裕家庭，个性细腻且敏感，多愁善感，属优柔寡断型。这种人忠诚可靠，对朋友真诚、守信。

这种人通常不善于处理人际关系，也不懂得如何表达自己内心的情感，亲情比较淡泊，而且有晚婚的倾向，可能在中年以后才会成功发达、有名气。

三角眉：果敢坚毅

三角眉就是具有三角形状的眉毛，通常有这种形状眉毛的人男性居多。具有三角眉的人通常精力充沛、意志坚强，很有自信与志气，胆识过人，对经济及数字的计算有极敏锐的反应力。面对困难总要想方设法去克服解决，不怕遭遇挫折，刚毅果决，而且总能耐心地坚持到最后，极有开拓精神。

这种人做事成功的概率比较大，适合自己创业，不过，他们比较喜欢以自我为中心，太过于自信，有时甚至自傲。

剑眉：刚毅不凡

剑眉的眉尾朝上呈现倒八字型，这种眉毛刚硬如剑，所以叫剑眉。一般而言，剑眉之人只要下定决心就会坚持信念，贯彻始终，一直到成功为止。这样的人个性刚烈、刚正不阿、办事果断、大公无私、敢作敢为、富有胆识与智力。不过这种人通常比较严肃，给人一种不苟言笑的感觉。

拥有剑眉的人，事业看好，经商可以拥有众多顾客，做研究工作也会成名于世。

此外，眉毛长的人宽宏大量，性情温和，但依赖心较重；眉毛短的人个性倔强，上进心强，但人际关系较差；眉毛浓的人刚强傲慢，做事武断，但精力充沛，健康状况较好；眉毛淡的人缺乏魄力，反应比较迟钝，但能言善辩；眉毛粗的人富于挑战性，做事积极，但容易我行我素，做事不够周全。

眉毛的变化丰富多彩，不同的动作，表示不同的心态。与眉毛相关的动作主要有：

1. 皱起眉头，要么是对方陷入困境，要么是拒绝、不赞成。

2. 眉毛倒竖、眉角不拉，说明对方极端愤怒或异常气恼。

3. 眉毛完全抬高表示“难以置信”。

4. 眉毛半抬高表示“大吃一惊”。

5. 眉毛正常表示“不作评论”。

6. 眉毛半放低表示“大惑不解”。

7. 眉毛全部降下表示“怒不可遏”。

8. 眉头紧锁，表示这是个内心忧虑或犹豫不决的人。

由鼻子了解他人

心灵美需要时间去发现，面部美却可以在第一时间给人留下赏心悦目的感觉，美貌一直是每一个女孩子永远的期盼。有人将面相比作五座山，鼻子是脸部的最高点，高高耸立，被称为五岳之首。鼻乃面中之王，一副好的面相，鼻子一定要生得好。

鼻子不仅是美貌的一个必要条件，如果你掌握了鼻子的语言，那你还可以将对方的心理看得真真切切、明明白白。

小俏鼻：鼻子稍稍翘起，煞是可爱。拥有此鼻的人亲切、乐观，通常有照顾人的天性，对家人、朋友关爱有加，对新鲜事物有无穷的热情，对婚姻也很忠诚。

希腊鼻：鼻梁非常挺直，形成一条有坡度的直线，这种人做事效率高，头脑冷静，组织能力强，是危机下的领导者。他们不会轻易流露感情，让人难以捉摸。

蒜头鼻：鼻头圆，鼻子本身大，是创造力和激情的象征，具有蒜头鼻的人喜欢用新方法解决问题，好奇心强，爱表达自己的情绪，有个人魅力。

段鼻：中间呈段层状，鼻梁有段层者多半是顽固之人。他们的性格具有强烈的攻击性又欠缺协调性，生性顽固而不知“退一步海阔天高”的道理，经常得罪人。

鹰钩鼻：鼻子的形状像鹰嘴一样，鼻尖向下垂成钩状，此鼻者很少随波逐流，最大的快乐在于追求自己认定的目标。这种鼻子无论男人女人，都是工于心计的高手，从政则是把好手。

矮小鼻：顾名思义，这种鼻子比较矮小。具有这种鼻子的人通常智能比较低，性情比较懒惰，缺乏改变生活的勇气，如果失败，就很难再次振作。

不仅鼻子的形状有着特别的意义，连鼻子短时间的动作、颜色等也具有特殊的含义。

鼻头冒出汗珠时，表明对方心理焦躁或紧张；交谈中，对方的鼻子稍微胀大，通常的意思就是得意或对你感到不满，或情感有所抑制；皱鼻子表示厌恶；歪鼻子表示不信任；抖动鼻子是紧张；鼻孔箕张代表发怒或恐惧；哼鼻子是排斥；鼻子有明显的伸缩动作时，是有异味和香味刺激，甚至整个鼻体都会微微地颤动，接下来就是打喷嚏。这些动作其实都是在反映心理信息。

当人的心里有所恐惧或顾忌、自尊心受损、心中困惑、有点罪恶感、尴尬不安时，鼻子就会出现泛白的情形；而鼻头红则多与健康状况有关，长期饮酒，食用辛辣食物过量、情绪过于激动紧张、内分泌障碍等都会导致这种现象；如果鼻子呈现蓝色或棕色，那你就要当心自己的胰腺和脾脏了。

如鼻子小而鼻孔大，或者鼻翼很明显地一大一小，表示这人的情感理智和理财观念有问题，容易意气用事，一生破败少成，难聚钱财，一天到晚跑也没什么收获，最迟五十岁后必贫穷度日。

中医学有种说法，认为鼻子主导人的心脏，从鼻子可以看出心脏的健康程度。由于面部神经极为发达，通常血液充足畅通的人外貌看起来就会很精神，面部中心的鼻子也因此富有光泽，展现出健康的形象。

不同耳型透露不同性格特征

耳朵长在头部的两侧，是五官中最不起眼的部位，也是最容易被人忽视的部位。不过耳朵自出生之后就继承了祖先的基因，已基本定型，很难再改变。因此，我们可以从耳朵上看出一个人天生的性格。

每个人耳朵的位置各不相同，从鼻端下侧画出水平线，然后观察耳朵的下端到底是恰巧位于水平线上，还是位于水平线上方或下方。以此为标准，我们将耳朵分为标准型、耳上型和耳下型，根据类型的不同，我们也可以看出不同的性格特征。

标准型：这是最常见的类型，这种类型的人性格开朗大方，具有同情心，乐于帮助别人，与之真诚交往，可以成为值得信赖的朋友。

耳上型：此类型的人大多性格内向，拙于表达，而且略显神经质，无法与人亲密交往。可是，如果和兴趣相投的人在一起，很快就能打成一片，成为亲密的朋友。另外，这类型的人耳朵非常小，大多是醋坛子，容易怀疑对方。

耳下型：初见面时给人的感觉有些冷漠，不容易相处。事实上，这种人性格稳重，具有实践力，是老板型的潜在人选，在公司里也大多是精英分子。由于个性爽朗、不拘小节，别人只要坦率直言，大多能和他融洽相处。

此外，耳朵大的人大多能在各个领域一展所长，发挥抱负。这类型的人，生命力旺盛，耐力十足，即使遭遇重大困难，也能愈挫愈勇。耳朵大的男性，在工作或恋爱方面，一向积极主动，展现出充沛的活动力，是可以期待飞黄腾达的一匹黑马。不过，有时冲刺太快，忽略了身边潜在的问题，反而成为事业的绊脚石。

耳朵小的人大多属于说者无心听者有意、敏感过度的人，容易为小事闷闷不乐。不过，由于他行事谨慎，工作不易出错，特别是细微处尤其做得尽善尽美。如果能放宽心胸，眼光向前看，前途将大有可为。

耳朵下面的部分叫耳垂，耳垂发达的人充满爱心，待人接物大方得体，性格开朗，招人喜爱。而且他们善于理财，财运好，凡事都从好的方面思考，不会为小事苦恼。

如果耳朵外形粗糙、过宽、过厚，那么这种人的思想麻木，缺乏感情，有时还很野蛮。

耳朵几乎贴近脸颊者，通常喜欢采纳他人的意见，有实行力，服从性高，非常听话孝顺。

耳朵和脸颊有着适当距离者，不会做无理的事情及愚忠、愚孝，善于自我管理和控制。

耳朵比较往前倾的人，通常不会采纳他人的意见，有些小聪明，但性格叛逆又有些神经质，容易感到疲惫，喜欢从事自己感兴趣的事情，不喜继承家业。

耳朵长得好看的人能够得到贵人相助，不用担心金钱问题。理想的耳朵具有以下4个特点：1. 耳朵位置在眉毛和鼻尖之间；2. 大；3. 厚；4. 耳垂长。如果你的耳朵具备以上四个特征，那你就很有可能拥有完美、精彩的人生。

嘴部动作反映说话者的情绪

话从口出，嘴是人宣泄内心情感的重要通道。在交往中，尤其是在通过口头语言进行交流的时候，嘴部动作可谓丰富多样。其实各式各样的嘴部动作都与说话人的心理活动存在联系，都能反映出说话者的情绪。

心理学家说，嘴代表人最本能的欲望，如食欲和性欲等。嘴长得好看说明此人品格良好，乐于助人；嘴角长得不好，则表示这个人有时行为不检点，是一个不值得深交的朋友。

所谓“嘴大吃四方”，大嘴的人有口福。一般而言，大嘴代表豪迈勇敢，性格顽强，精神抖擞，富于行动力及决断力。嘴巴大的人性格上多属乐天派，处置事情公平，为人性格随和，在政商界中，很多能人都属于这种类型。

有些人的嘴唇从侧面看比较突出，这种人表达能力较差，做事不够认真，希望成为焦点。但这种人协调能力比较好，善于处理人际关系，以家庭和谐为目标，如果是女士会成为贤妻良母。

女孩在选择男朋友的时候，嘴唇的厚薄可以成为你参照的标准之一。心理学家分析，如果一个人上下嘴唇都厚的话，说明这个人为人忠诚、实在，并且心肠仁慈、仁厚，对朋友、同事都很友善，为人处世以诚相待，是一个值得托付终身的好对象。如果一个人嘴唇很薄，那这个人可能和陈世美很熟，不知曾伤过多少女生的心，和这样的人谈恋爱可要小心了。

一般而言，嘴巴无法紧闭的人，其性情也像嘴巴，给人的感觉是口风不紧，有时甚至会阿谀奉承。拥有这种嘴形的人比较懒惰，做事马虎，效率极差，有时还反应迟钝，做事没有耐性。研究表明，在人类的众多嘴形当中，这属于不受人欢迎的嘴形，很多人对这种嘴形很反感。

嘴形在无意当中透露了你的性格，嘴部动作泄露的信息也不容忽视，常见的嘴部动作其实很好解读。

一天李旭正在和同学热烈讨论学校昨天组织的篮球比赛，正当他侃侃而谈的时候，发现老师突然走进了教室。不经意地，他马上用手捂住了嘴巴，在老师指责的眼神中安静了下来。

如果一个人在讲话时突然用手遮住嘴，那说明他突然发现自己做错了一件事，或说错了一句话，正在进行自我掩饰，或对对方有所戒备。这种人性格一般比较内向，经常会害羞，不会将自己轻易地或过多地呈现在他人面前。

如果一个人在和你讲话时突然嘟起了嘴，那代表什么意思呢？这个动作常常出现在小孩的身上，不如意的时候，小孩子就会嘟起他们的小嘴，随后发出哇哇的哭喊。对成人而言，这个嘴型说明这人不同意我们所讲的内容，或者他正在酝酿着转移话题。此人若是还将下嘴唇往前撇，说明他对我们传递的信息持怀疑态度。

此外，如果嘴巴张得大大的，则暗示这人处于极度震惊或者诧异之中；如果是无意识地微微张开嘴巴，则表示这人正专注于某件事情中；微笑是放松的表现；打哈欠是无聊和困倦的表现；咬指甲是紧张、焦虑的反应。

嘴部表情主要体现在嘴形变化上。伤心时嘴角下撇，欢快时嘴角提升，委屈时噘起嘴巴，惊讶时张口结舌，愤恨时咬牙切齿，忍耐痛苦时咬住下唇。

一张小小的嘴巴，你可能从来都没有重视过，但如果嘴罢工一天，你就不能吃东西，忍饥挨饿一整天，你也会心里有话说不出，不能与人交流。嘴巴的上嘴唇和下嘴唇，在一张一合、向前向后、向上向下、抿紧放松间，满足了人身体和心灵上的需求，也成为人类面部表情不可或缺的一部分，在人际交往中，千万不可小看了嘴的作用。

下巴形状窥探内心秘密

据说从一个人下巴的形状可以判断一个人的性格，那你的下巴是什么样子的？我们可以从你下巴的形状窥探你多少秘密呢？

A. 圆下巴　　B. 尖下巴　　C. 长下巴　　D. 方下巴　　E. 双下巴

A. 圆下巴的人性格开朗大方，乐于助人，为人和气，易于相处，是值得深交的朋友以及陪伴终身的好伴侣。若男性拥有圆下巴，则个性温和，在工作上是属于努力工作型，通常都会有升职的机会。如果女性下巴圆而小，则喜爱艺术，有表演天才，如果从事表演事业，会有成就。

B. 下巴尖的人感觉比较敏锐，喜爱幻想，富有冒险精神，但是没有持久性，适合朝艺术、设计的方面发展。这种人在感情方面通常比较容易失败，对家庭关心不够。如果下巴尖而且歪斜，那这种人会恩将仇报，属不义之人。

C. 下巴长的人为人处事积极、做事认真，有耐力、稳重，喜爱帮助别人，重义气。对别人会付出很多的关怀，所以家庭生活美满。有冒险精神，外向好动，精力旺盛，有坚强意志力，具准确判断力，是长寿之相。

D. 方型下巴的人比较能干，非常有进取心，做起事来认真、果断。当定好一个目标时，就会非常努力，无论遇到什么问题，都会坚持到底。适合从事学者、商业家、政治家、律师等。

E. 有双下巴的人通常性情温和、重感情，在社会上属于德高望重型。他们对人相当热情，宽宏大量，尤其热衷于招待朋友，人际关系很好。在爱情方面，男女都较为专情，很能制造情调，是一个好情人，结婚后也可以成为好丈夫、好太太。

下巴又叫下颚，虽然一般人很少对下巴仔细观察，但细心的人仍能够发现下巴的细微变化，窥探对方的内心秘密。

1. 下巴抬高，说明此人骄傲自大，自尊心较强，内心有一种优越感，总认为他人不如自己，经常以自己的成绩否定他人的价值，给人一种不舒服的感觉。

2. 下巴缩起，这种人做事小心谨慎，富有责任心，能够很好地完成上司所交给的工作，缺点是疑心很重，容易封闭自大，不易相信他人，但这种人只要相信了朋友，就会真心相待并为朋友两肋插刀。

3. 伸长下巴，表明此人极度疲乏，需要很好地休息。

4. 突出下巴，这是一种具有攻击性的行为，是一种想“扑向前面狠揍一顿”意图的动作，突出的程度越大，则攻击性的可能性也就越大。

5. 用手不停接触下巴，从心理学角度来讲，是一种缺少安全感的表现，是在丧失自信、不安、孤独、话不投机的尴尬场面中经常出现的动作，此动作是想借接触自己的身体来掩饰内心的不安。

在生活中，也有人为了显示自己的威严而精心蓄留胡子的，这是为了使下巴更为突出。比如，日本明治天皇蓄的胡子，外表看来，似乎仅仅是为了显示男性美。其实不然。据说，当时日本山县的“象征设计者”们，为了提高日本天皇的威严，精心设计了这胡子的样式，经天皇批准后才采纳的。有些国家的领导人物，也用胡子来树立在民众中的形象，如胡志明的长胡子、卡斯特罗的络腮胡子等。

下巴如此重要，我们可要好好保护，不过值得一提的是，现今的科学和技术手段，使得我们的下巴也有了改变的可能，然而身体发肤受之父母，一切行为还须谨慎进行，毕竟性格的改变不是光靠改变外表就可以的，更多的还是需要自身意识的提升。

双手泄露他的为人

不知道大家是否听过“手软如绵，富贵荣华”的说法，这个意思就是说，如果手非常软，那这个人可能就会为大富大贵之人。如果你仔细观察，就会发现一般成功或比较有成就的人，他们手大多软而有骨感，也就是既要有肉也要有骨，均匀为最好。

如果手掌呈粉红色，这样的人大多财运不错，身体也比较健康；如果手掌呈红色，这样的人性情豪爽，财运很好，不过容易肝火旺盛，应多注意；如果手掌呈白色，这样的人心胸比较狭窄，脾气也不好，要学会控制；如果手掌稍微偏黄，有这样掌色的人，做事容易没有底气，经常不能坚持，半途而废，常以自我为中心，身体健康经常出现状况。

手掌的纹理非常细的人，感官十分敏锐，具有洞察他人个性的能力，并且十分爱美；而纹理非常杂乱的人大多是活动家，他们即使暂时处于不利的环境中，也能想办法克服。

手厚的人往往以自我为中心，总是站在自己的角度考察一切事物，对于别人的苦乐漠不关心；而手薄的人则往往会站在他人的立场去考虑和处理问题，尊重别人的权利，具有较高的思想觉悟和自知之明。

手硬的人体力坚强，比较重视金钱上的利益，把世俗上的名声放在次要的地位；手柔的人具有高度的思想境界和情操，喜欢追求安乐，不过，他们的思想方面较柔和，并且具有飞跃性。

手长的人胆大心细，但偶尔会很固执，不易与他人相处；手短的人总是严格按照规矩行事，没有商讨的余地。

人的性格、经历、命运等，都可从手的细节看出一些端倪，我们要仔细研究，细细揣摩。同时，手形也是我们不可忽视的一个重要方面。

长方形手：这种手的手掌呈长方形，多半纤细骨感。这样的人，性格有些神经质，也十分小心谨慎，处事言行都会三思而后行，反省性很强，比较不喜欢和人打交道。和其他手形相比，这种人的戒心很重，不会随便相信别人，对人性和生命存在着一种悲观和无奈的看法，爱情的态度也显得十分被动。

圆形手：个性爽朗，喜欢开玩笑，性格相当大而化之，是十分外向而性格开朗的人。这样的人，善于观察他人的心理，社交手腕十分高明。在待人处世方面，由于信赖他人，待人又亲切，能轻易博得他人的喜爱。

梯形手：个性和方形手的人刚好相反，讨厌因袭和安逸的日子，什么事都想创新，和别人不一样。拥有这种手形的人好奇心十足，喜欢追求新事物，而且变化性愈强愈好。

方形手：性格一板一眼，讨厌随便、马虎的人，对于没有原则的人，他更是会敬而远之。这样的人极富责任感，下定决心要完成的事，必定全力以赴。

第二章　穿衣识人，五彩衣着包装真实心理

随着社会的快速发展，人们在追求物质生活的同时，也在丰富着自己的精神世界，穿衣的装饰作用愈加明显，穿衣打扮也越来越讲究，越来越时尚、新颖、前卫，人们为了扮靓自己，乐此不疲。如今，人们装扮自己的方式繁多，每个人也都有自己的选择标准，这些标准都是人们心理活动的外在表现。可以说，穿衣打扮，是无声的个人宣言。

着装风格即为真性格

穿衣戴帽，各有所好。不同的人有不同的穿衣风格，性格使然。反观其中，人们的穿衣风格也在时刻表露着自己的性格。

从女性角度来看，按穿衣的风格可以将其划分为六种类型：健康型、可爱型、浪漫型、主动型、平淡型和诱惑型。

健康型女性喜欢穿棉质衣，喜欢追求阳光般的生活，自我期望颇高，微笑和自信常常是这种女性的标识。而对于另一半也期望他是个率性洒脱、积极向上、拒绝颓废的男子，渴望拥有一份踏实稳定的爱。

可爱型女性喜欢穿印花图案衣，她们比较缺乏主见，常常会在抉择的关头犹豫不决，对爱情不敢随便尝试，凡事均点到为止，十分保守，因为虽然她们很期待，但更怕受伤害。但是若遇到伴侣主动和强烈要求时，则可能引爆热烈的响应，但事后又后悔自责不已。

浪漫型女性喜欢穿粉色系列衣，温柔甜美又讨人喜欢是此类型女性共同的表现，此类型女孩对爱情了充满罗曼蒂克的幻想，但是又很害羞。她

们期待英俊的白马王子的来临，并希望自己能浪漫地享受一切。

主动型女性喜欢穿艳色系列衣，此类女子喜欢采取主动，但这都是在潜意识中不自觉的表现，期待引导对方走近自己。干脆、大方、爽快是此类女子的共同点，颇有点男性的性格特点，但是内心常常是细腻的。

平淡型女性喜欢穿宽大的衣衫，爱穿朴素服装，对自己该穿什么，从来不在意，来去总是那身装扮。这种类型的女性缺乏激情，亦是体制顺应型，对伴侣没有要求，缺乏浪漫感。

诱惑型女性喜欢穿丝质衣物。丝质衣物极度柔软，如果没有出众身材，根本没法穿得好看，所以这类女性对自己的身材充满自信，同时亦希望得到男士的注意。事实上这种丝质衣物令女方身体有若隐若现的效果，所以会激起男性的冲动。因此，爱穿丝质衣物的女人潜意识中都希望征服男性，并热情大胆。

从男性的角度观察，主要有以下几种情况：

对白色衬衫有偏好的男性往往缺乏爱情，清廉洁白，是现实主义者；喜欢T恤的男性虽树敌很多，却是肯努力求上进者；喜欢穿粗条服装的男性一般对自己没有信心，却爱好摆空架子；喜欢穿细条服装的则待人温和、自尊心强、往往有矛盾的内心和外在；喜欢传统服装如中山装的男性性格含蓄，从某种意义上说是传统保守型的人士；喜欢穿西装的则大多开朗、积极、大方、自信，交际广泛，属活跃型人物；对运动服、牛仔装感兴趣的男性性格中不受拘束的成分多一些，我行我素，更为年轻、活跃、精力充沛；喜欢穿宽松尺寸衣服的男性则意欲掩饰身材缺陷，同时有扩大自己势力范围的欲望；爱穿垫肩衣服的男士表现出意欲明显和夸大男性的威严。

着装颜色出卖他的内心

也许你没有想到，服装颜色的偏好会悄悄“出卖”你内心的困惑、疑虑和企图哦！你最好能掌握其中奥妙，这样才可以很好地“伪装”自己，并且更好地了解分析身边的同事、朋友……

喜欢穿黑色衣服的人。从表面上看起来可能会给别人留下神秘、高贵以及专业的印象，但实际上黑色是现代人成功的最大障碍。喜欢穿黑色服装的人是不善于社会交际的人，他们无非是用黑色来掩饰自己内心的不安或恐惧。

喜欢穿深蓝色衣服的人。蓝色保留了黑色所具有的坚毅与神秘的特质，一看到深蓝色，就令人心情安定沉静，同时提高想象力。喜好深蓝色的人，多具有善良的心地和丰富的感受力，神经纤细，容易感伤，对人也十分敏感，一个人独处时，常无法忍受那种孤寂，希望被温暖的爱所包围。个性朴实，容易得到他人的好感。

喜欢穿白色衣服的人。白色是纯净、没有任何杂质的色彩，它象征单纯，代表理想。一个常穿白色服装的人，应该是一个追求完美的人。偏爱白色的人大多不会将自己的感情清楚地流露在外。看待事物不会单取外表的光辉璀璨，会进一步探索内在的本质。其人做事努力认真，责任感强，所以深受他人信赖，常有人向其请教问题。

喜欢穿黄色衣服的人。与金属相结合的黄色，是理论性思考事情的“理智之色”，是心灵能量的颜色，能启发新的创意。好穿黄色衣服的人大多才能出众，却容易恃才傲物。由于自尊心强，又对自己的能力极具信心，因此，经常希望得到别人的肯定和赞赏。尽管如此，有时又能温顺服从，表现出合作的个性，由此而言，毫无疑问，爱好黄色的人是一位真正生命力强的人。

喜欢穿绿色衣服的人。绿色是“红”与“蓝”的中间色，生机盎然的色彩，它往往是生命诞生和延续的代表。喜好绿色衣服的人个性谦虚平实，不爱与人争论，有很高的人气指数。既有行动力，同时又能沉静思考，兼具优雅与理性。无论面对任何事都能冷静处理，而且绝不感情用事，所以深受别人信赖，对于别人的请求或委托，总是欣然接受。

喜欢穿紫色衣服的人。紫色是充满着神秘不可理解的复杂情调，高贵又带着点傲气的颜色。喜欢这个颜色的人，内心强烈渴求世人肯定自己的才能，多半是一个观察力和领悟力都很高的人。这类人通常具有不错的文化素质和涵养，往往以艺术工作者居多。紫色还是控制情绪的最佳辅助品。

喜欢穿红色衣服的人。红色是代表精心和行动的颜色，使人精神振奋。喜欢红色的人，个性积极，充满斗志。他们会对自己专注的和感兴趣的事情投入百分之百的热情，而且意志坚强不轻易屈服，凡事依照自己的计划行事，一旦无法实现便觉不顺心。尽管如此，无论多少困难，都无法轻易打倒这个精力充沛的人。红色的食物或饮料也通常具有提神醒脑的功能。

搭配风度体现个人品位

每个人都有自己的着装标准，不同服饰的搭配，体现不同的气质风度，而且能体现出一个人的品位。

自然、随意的搭配能体现出一个人成熟的品位，对待服饰穿着，随随便便，但是搭配起来很有味道，像一杯储藏多年的酒，一本历久弥新的书，一首经典不衰的歌。这是一种由感性和理性积累的成熟，是坚强和自信的表现，自有一种风韵。自然、随意的搭配还能显现出一种经历风雨坎坷之后的平和，一种尝过酸甜苦辣之后的洒脱，含而不露，坚定挺拔，绵里藏针，泰然自若。这类人活力四射，追求自然、返璞归真、随遇而安的率真使其更具一种独特的风情与魅力。

古典、高贵的搭配体现一个人端庄、典雅、严谨、知性的品位。这类人心如止水、波澜不惊、心平气和、淡定自如、笑不露齿、怒不上颜。处世不惊的高傲，精益求精的品质，造就了其与众不同的气度。这类人中的女性，在着装上会把自己打扮成贵妇人。在生活中，无论在什么时候都不会把男人当成私有财产，不会在男人忙于工作时抱怨男人不顾家，也不会要求男人时时刻刻牵挂着自己。她们知道在男人的精神世界里有哪些禁区，总是很小心地不去踏入那些禁区。这类人中的男性在着装上讲格调、扮优雅，多数都是极具理性的，会对帮助过自己的人心存感激。

优雅、柔媚的搭配以女性为主体，体现了女性温婉、恬静、淑雅、清丽的品位。在着装上很讲究质地和风格，外加一种我见尤怜的神态，温文尔雅的举止，衬托出亭亭玉立的意趣。没有香水的味道，却可以闻到淡淡女人香，就像一朵半透明粉彩的莲花，幽幽的眸子，远远的清香。香里丝毫没有邪气，举手投足，你可以闻到如水的气息，回味起来如粟米淡淡甜甜的味道。这样的女性追求一颗宁静而悠远、雅致而善良的心。

艺术、戏剧的搭配，显现出的是夸张、大气、张扬的品位。服饰的选择上多以休闲类为主。这类人很有原则，不是自己的不拿，不该得的不要，凡事能够从大局着眼，很有风度。承认个人的能力都有局限性，甚至承认科学有局限性，但不否定人的能力，在认识到局限性的前提下尽力而为，很理性。不只是自己了解的领域有学问，别人了解的领域也有真学问，从不因对自己所在领域了解很多而歧视在其他领域有所了解的人，德才兼备。

时尚、前卫的搭配，体现率直、出位、标新立异的品位，突出个性，超越平常。在着装上特讲究时尚，买衣服总爱选择款式、外观最为流行的，他们通常比其他人先购买新式产品，喜欢尝试新上市的品牌，会花更多的时间和金钱在新潮事物上。在做事上追求完美，同时拒绝平庸，对自己的要求标准很高。

由靓妆知晓不同心情

爱美是女人的天性，女人爱打扮，尤其是面部化妆。有的人说，化妆是对别人的一种尊重；有的说，合适的化妆修饰会让人变得更加美丽，让自己心情变好；还有的说，是为了吸引异性，希望达到越来越高的回头率，同时怕人说她显老。这三种说法都有各自的道理，其实，化妆在使女性变得更加美丽的同时，不同的妆容也透露了不同的心情。

裸妆

裸妆的妆容虽然看起来很清淡，但并不是未加修饰的纯自然肌肤。通常是将一种接近自己肤色的、较薄的、液状的粉底，或是干湿两用粉，用海绵蘸些化妆水，均匀地在脸上涂上薄薄的一层，从而呈现出最自然纯净的自然肤色。这种妆容体现了一个人安静、闲适的心情。在充满温暖阳光而又静谧的环境里，忘记忧伤，忘掉不如意，让过去的日子尘封，让心自由地飞翔，对未来充满了向往。最喜欢做的事是手捧一本书，桌旁一杯浓香的咖啡，暖暖的阳光照在身上，舒适的躺椅，悠扬的音乐，没有一丝风，让自己的心情在这美丽的季节里徜徉。

非主流妆容

非主流妆容体现了一个人不羁的心情，希望摆脱种种条条框框的束缚，按照自己的意愿做事。率情任性的性格使她们直来直去，没有矫揉造作，认为生活丰富多彩，充满机遇，人只有在奋斗中咀嚼失败，方能品味成功。

哥特式妆容

塑造“哥特式”妆容必备妆容元素包括苍白的皮肤、黑色或灰色的眼妆和黑色唇膏。哥特一族认为维多利亚时代是她们的黄金时期，苍白的皮肤是贵族的标志。用黑色大范围的眼影框出眼眶，或用灰色的眼影带出颓废的眼神。早先英国街头的黑色唇膏流行已成为过去，现在要么涂成血红的大嘴，要么用粉底完全遮盖唇的红色，创造出苍白的效果。这种妆容体现的是一种优雅的贵族心态和略带无奈、苦涩的心情。她们情绪波动幅度不明显，总是保持着淡然和高雅的情态。在学识、修养和品行三个方面均优于常人，能给人高尚、稀有、珍贵、尊崇和佩服的观感。

复古妆容

以优雅的粉紫色来作逐层晕染，打造出深邃的烟熏眼妆。以具有存在感的粉色腮红大面积地涂抹在两颊。在唇部先涂抹一层玫粉色的唇膏，使用唇刷勾勒出明显的唇部轮廓，然后再涂抹一层透明的唇蜜点亮双唇。这种妆容体现了一个人的浪漫情怀，一种轻柔舒缓的感觉。她们的气质中富有浪漫飘逸、略带些浮华、充满文艺气息。在生命中感受快乐的无拘浪漫，使生命浸润在浪漫的渊源中，灵魂永远弥漫快乐的氛围里，感受生命的原始浪漫圣洁。期待着与中世纪的古老小城相遇、品味地道的葡萄美酒，在这异国风情的游想中，得到不一样的心灵成长。使生命增添坚定的信念，使生命挑战无数高度，使生命在鞭策下获得了尘埃下的灵动和释放，使人充分享受这快乐中的浪漫。

变换发型发色变换心情

发型显心情

人们常说“换个发型换个心情”，可见，发型的改变能影响一个人的心情。在不高兴、不顺心的时候，到发廊弄一个自己喜欢又很时尚的发型，让自己看着更舒心，周围的人看了都赞不绝口，心情想不好都难。其实，发型不仅能影响心情，也能衬托心情。

由短发蓄长发。这是对自己的未来有所希冀的表现。他们一旦选择了远方，便只顾风雨兼程，相信自己有潜在的能量，不会被习惯所掩盖，被时间所迷离，被惰性所消磨。在困难面前，他们会选择坚持，绝不选择放弃，即使是失败，也不会让自己的人生平庸。懂得珍惜，记得每一个值得结交的朋友。

将头发由长剪短，表示一个人遭受了挫折的打击或者是独立意识在增强。由长发一下子变为超短发，甚至光头，则表示他对原先自我角色的否定，甚至是心理崩溃，往往意味着一种生活状态的结束。他们会反思之前的不足或者错误，总结经验，吸取教训。短发简单、利落的感觉会使其扔下包袱，继续前行，寻找真正的自我，实现自己的价值。

将直发烫成卷发，是一种由平实的心态转变为愉悦欢欣、情不自禁的心态。他们认为人不能只为自己活着，但也不能不为自己活着，不清高但有时骄傲。感情很真挚，也很直白，尤其是女性，悲伤时就会落泪。不追名逐利，朋友众多，很现实，活在自己能够达到的欲望里。很喜欢将一句诗作为自己的座右铭，比如蓝德的“我和谁都不争，和谁争我都不屑，我爱大自然，其次就是艺术，我双手烤着生命之火取暖，火萎了，我也准备走了”。

由卷发变直发，表示由强烈的感情转化为平和坦然的心态。他已经领悟，漫漫人生路上，有鲜花铺满的一段，也有崎岖险恶的一段，正所谓：人无千日好，花无百日红。懂得生活不可能事事如意，总会有烦恼和忧愁充斥着平凡生活的每一天。有句话说得不错：事事岂能尽人意，但求无愧于人心。为人处事，只要自己能用心去做，做到无愧于人就是最好了。抱着平常心，随缘自适，就会活得自在。

由染色变回本色，这个举动代表了一种追求新颖刺激的新事物，渴望自己的生活状态有所改变的心态。一般对新鲜事物有着强烈的求知欲和占有欲，对新生事物极其敏感，对待爱情和友谊都难免有些用情不专，他们谦逊但崇尚张扬，希望把平淡的生活变得波澜壮阔。他们对于另一半的要求很高，对爱人习惯全然占有，嫉妒心十分强烈。

完全散开的发型，是一种想要完全放任、恣意纵情的心态表现。另外，散开头发还表示了个人自我意识的回归或加强，意味着不受规约，在自由状态下随心所欲地释放自我。性格大多介于传统与现代之间，既含蓄世故，又大胆前卫，对成功的渴望很迫切。他们追求自由和个人的哲理，有时甚至言行偏激。他们自我意识强，往往听不进别人的话，不甘心被人领导，却渴望能够驾驭别人。

发色流露个性

随着生活水平的提高，人们装扮自己的方式也越来越多，给头发换一种颜色已经成为一种流行的装扮方式，人们借此展现自我，彰显个性。颜色本身就传递着人的情感和个性，所以，染发颜色不同，表现的性格也不尽相同。

染红色头发的人，有很强的好奇心以及欲望，属于精力旺盛的行动派。他们会通过各种方式，去接近、探索、了解新鲜的、感兴趣的事物，很执着，一副打破砂锅问到底的架势。他们会每天坚持锻炼，为身体充电。工作中碰到难题，一时半会儿又无法解决时，就去倒杯茶，换换脑筋，然后接着干。累得快透不过气来时，做个深呼吸，或者翻翻体育杂志，上网浏览娱乐八卦，找谁聊几句，灵感一会儿就来了。淋浴时大声唱歌，唱歌能促进身体释放内啡呔，从而产生一种快乐与幸福的感觉，减轻压力。

将头发染成绿色的人是追求和平的人，喜欢群体的生活，擅长与周围的人保持良好的和谐关系，总是给人亲切温和的印象。他们内心真诚，开朗热情，心地善良，热爱生活。在网上聊天，经常会打出“呵呵”两个字，很有亲和力。内心感觉到温暖的时候，会露出幸福的微笑，很迷人。不会随意发脾气，即使很痛苦，也会表现得很坚强。能够替别人着想，能对伤害自己的人宽容，很有气度。为人很简单，踏实而务实，不沉溺幻想，不庸人自扰。

染粉红色头发的人，常常想让自己呈现出年轻、有朝气的感觉，希望在旁人的眼中是个高贵的形象。他们有活力、有闯劲，颇有初生牛犊不怕虎的气势，但是遇到挫折会有很强的挫败感，所以需要不断加强学习，不断进行锻炼，努力提高自身的素质，更好地适应环境，使自己更加成熟。

将头发染成棕色的人，个性拘谨，自我价值观很强烈。遇到事情经常畏手畏脚，在事情的处理过程中，又会很担忧，甚至焦虑，担心会出现什么差错。同时很少考虑别人的感受，团队意识较弱，有时会刚愎自用，独断专行，看问题比较主观。这类人需要缓解自身的压力，给自己一个轻松的环境，同时要多关注身边的人，多听取别人的意见，多为他人着想，使自己更加自信，和他人的相处更加融洽。

染蓝色头发的人，很有理性，面对问题时常常临危不乱，在起冲突时总是默默将事情化解。他们不会感情用事，而是站在相对客观的立场看待问题，将各种客观因素考虑进来，形成解决问题的办法，自己的思想感情对事物的影响比较小，对事物起辅助作用，就事论事。

将头发染成紫色的人，很多都是艺术家，容易多愁善感。但机智中带有感性，观察力特别敏锐。他们对事物的领悟能力、学习能力和判断能力，以及直觉感知能力都很强。思想前卫，与时俱进，具有很强的创新意识和能力。而且善于察颜观色，多半能通过观察细节猜到对方心里在想什么。

“冠”文化反映性格特点

帽子是体贴的，夏天可以帮人遮挡火辣的太阳，冬天可以帮人抵御刺骨的寒冷。一顶款式时尚、颜色适宜的帽子，不仅可以扮靓自己，恰当地配合着装，还能凸显一种独特的气质。通过观察一个人帽子的款式、颜色以及戴法，还可以了解其人的性格特点。

喜欢戴运动帽的人，充满青春活力，给人以轻松自然的印象。在他们的内心总是有一股积极向上的力量，这种力量可以影响到身边的人，让人们感受到他们的快乐，在这种积极的影响下，与其相处的人也都变得开朗、热情起来。他们从不矫揉造作，总是表现出自己最真实的一面，脸上总是挂着自信的微笑，很少能看到他们因为什么事情而慌乱。

选择圆盘帽的人，很有个性，追求时尚，拒绝平庸。他们关注时尚的最前沿，在穿着或者使用的物品上，都有很多的流行元素，但并不是完全复制，而是都加入自己的想法，看起来更具特色，很有范儿。在生活中，按照自己的想法做事，不顺从，不附和，不违背本心行事，懂得反抗，有独到的见解，最重视实在的能力，做到能人所不能。他们很懂得利用有利的环境，努力将不利的环境转化为有利，很勤奋，很清醒。

钟情毛绒帽的人，比较有幽默感，而且很务实。生活中充满情趣，许多看来令人痛苦烦恼之事，他们却应付得轻松自如。用幽默来处理烦恼与矛盾，使人感到和谐愉快，淡化人的消极情绪，消除沮丧与痛苦，相融友好。他们具有很强的审时度势的能力，拥有广博的知识，谈资丰富，妙言成趣，触类旁通。实在地做该做的东西，用最简单的方法做事，实事求是，从不吹嘘。

经常戴圆顶窄边帽的人比较考究，有时略显呆板。什么时间做什么事、什么节日穿什么衣服、什么场合讲什么话都严丝合缝，分毫难差。吃穿住行都很讲究，如在外面吃饭很注意餐馆的卫生条件是不是过关，穿衣戴帽很注重场合，家里的摆放总是井井有条，出门开车或者乘车都遵守交通规则。与人相处时，真诚相待，做到问心无愧。

喜欢戴军帽的人，很爱扮酷，要么曾经是军人，怀念军旅生活，要么是军迷，很崇尚那种感觉。如今的军帽已经与时尚接轨，很多军帽并不是士兵的着装配件，而是专门为普通人设计的。很多军迷都会买一顶让自己酷一下。这类人内心丰富，经常不苟言笑，总是做沉思状。他们经常沉浸在自己所做的事情中，由于注意力过于集中，经常听不到别人对其的呼喊。在饭桌上最常说的一句话是“我干，你随意”，掏钱埋单时的口头禅是“不用找了”。他们喜欢健身，向往拥有像军人一样强健的体魄，锻炼的强度会使他们为感受到自己真实的存在而兴奋，挥洒汗水让他们更加奔放，充满活力。

鞋跟展现真实性情

鞋子在生活中是必不可少的，千里之行，始于足下，只有穿着舒服的鞋子才能走得稳，才能行万里路，做万件事。一双鞋的好坏离不开鞋跟的优劣，鞋跟的种类很多，一般可分为平跟、中跟、高跟三大类，且形状各异，大小粗细不尽相同。在划分上，一般女鞋的跟高在 30 毫米以下的为平跟，30 ~ 45 毫米之间的为中跟，45 毫米以上的为高跟。

喜欢穿平底鞋的女性很简单，平凡，带有纯真。如果说高跟鞋代表着一种束缚，平底鞋则是一种释放，简约而不简单的设计展现一种洒脱。这类女性性格直率，敢爱敢恨，个性鲜明，不落俗套。爱情来了，她们马上向全世界宣布，瞬间就变得光彩照人；爱情去了，任自己的天使面孔花容失色。信乐团高唱的“死了都要爱，不淋漓尽致不痛快”，似乎给她们这样的女子做了最好的注脚。

喜欢穿平跟鞋的女性，很念旧，对于自己习惯的人、事、物，总有一份深深的依恋，就算她的情人无理取闹、任性、孩子气，她也会以一种包容的心态去待他、爱他，这种女性对事业有着投入的精神，对生活和家庭有着无限的热爱，是最典型的贤妻良母型女性。在个性上，她属于拘谨、放不开的保守型女人；在为人处事上，不够圆滑，常常会得罪人而不自知；在人际关系上，周旋的格局较小；在专业领域中，她会因默默努力而有成功机会。

喜欢穿中跟鞋的女性，很优雅，很俏皮，也很可爱。她们内心丰富，智慧、博爱，能将理性与感性完美结合。一个容貌美丽的女人未必优雅，而优雅的女人一定美丽，因为她的知识和智慧让你信任，她的细腻与关爱让你依赖。而这智慧、细腻、关爱，会从她充满迷人女人韵味的举手投足、一颦一笑间显现。她们对美的见解独到，她们的着装永远都是不张扬而富有格调的，那感觉就像静静地聆听苏格兰风笛，清清远远而又沁人心脾。

喜欢穿高跟鞋的女性，确实有一种摇曳生姿的风情，走起路来很自信，因为高一点的缘故，感觉很高贵，气质迷人。鞋子有时代表一个女人的尊严，特别是高跟鞋。因为高跟鞋让女人踮起了脚，抬起了美丽的头，挺起了傲人的胸。鞋跟越高证明这个女人越希望自己更加高调，自信独立地踩着美丽的鞋子，迈出轻盈的脚步，翩然上路。

男性很少穿高跟鞋，但是男性也能从穿高跟鞋中获益，适当的跟能使男性的身材更加伟岸挺拔。所以穿高跟鞋的男性比较注重自身的形象，有很强的自尊心，期望取得不俗的成绩，被人们认可。这类男性工作都非常认真，很有责任心，很受领导的赏识和下属的拥戴。

第三章　配饰显人，小小点缀隐藏心灵密语

每个人都有自己钟爱的配饰，如戒指、项链、手表、领带、腰带、提包以及围巾等。每个人选择配饰的标准不尽相同，因为人们的性格、爱好不同。所以，通过这些配饰，我们不难发现一个人的性格特点、心理活动。下面就让我们通过对这些配饰的观察，倾听配饰主人的心灵密语。

项链，挂在脖子上的秘密

明星们出席各种典礼和晚会时，服饰与首饰的搭配很讲究，尤其是女星，她们在走红毯时，常常会在脖子上佩戴一串样式独特、熠熠发光的项链，这条恰到好处的项链为其出场增添了几许亮色。女性为了美丽、漂亮都喜欢戴首饰，颈部有表示女性自尊的意味，所以戴项链特别受到女性的青睐。女性戴项链，且不论其价值如何，总是能平添几分明艳与富丽，其实，这也是对物欲追求的一种满足。此外，还隐喻着一种更深层的含义，那就是抒发、寄寓着“祈福纳吉”的心愿。项链是首饰的主要品种，男女老幼都可以佩戴，除了装饰作用外，其中也蕴含了佩戴项链者的心理秘密。

喜欢石榴石项链的女性很忠于爱情，不会背叛自己的爱人，对感情不专一的人持敌视或者鄙夷态度，愿意与自己的另一半白头相守，直到天长地久。除了爱情，对待友情也是非常端正的，就像一架琴，为朋友演奏一生的美妙；就像一杯茶，让朋友品味一世的清香；就像一首歌，唱给朋友一生一世的幸福和快乐，始终给人一种平淡温馨、如沐春风的感觉。

喜欢紫水晶项链的女性很诚实，相信生命不可能从谎言中开出灿烂的鲜花，认为难听的实话胜过动听的谎言，诚实是人生永远最美好的品格。此外，心态平和、处世不惊也是其一大特点，在面对紧张或者一时失控的局面时，总能气定神闲，集中精力思考解决问题的办法，颇有大将风范，很有“千磨万击还坚劲，任尔东西南北风”的气魄。

喜欢珍珠项链的女性很懂得养生，虽然对金钱的追求也很看重，但是相比而言，身体的健康还是排在首位的。很懂得调节生活的节奏，在饮食上很注重营养的搭配，对疾病的预防和治疗也都有一定的了解，很期望自己能够大富大贵、健康长寿。

喜欢绿松石项链的女性比较争强好胜，生活中和事业中取得的成绩会给自己带来成就感和满足感。渴望胜利是其一大特点，希望幸运女神能随时伴随左右，给自己带来好运。喜欢戴绿松石的女性群体中，属于事业型的女性较多。

喜欢玉制项链的女性崇尚幸福的生活，比较倾向于美好的事物。婚礼会令其羡慕和向往，置身于家庭其乐融融的环境之中，会使其精神爽朗，充满活力。同时也是制造良好氛围的高手，能让与其交谈的人感到惬意，很有人缘。

喜欢钻石项链的女性很纯洁，像一片匀净的玻璃，镶在房子的墙上，不局限，不锁闭；像一颗钻石，五色缤纷，光茫四射；像一面有魔力的镜子，给人们所展现的总是美好和希望。

一提到项链，大部分人也许会想，这是有关女人的话题。殊不知，项链也是男性爱好的饰品。男人戴项链，百分之九十不是为了美，而是一种爱好或者说是为了显示富有，生意人在这方面尤为突出。在项链的选择上，年轻男性一般选择时尚的项链，进而展现出自己身上的青春活力，而年老男性戴的项链一般比较传统，喜欢把自己装扮得大气、稳重、富有身份，所以，年老的男性喜欢戴黄金、钻石等高档次的项链。我国男性和国外男性戴项链也有不同的地方。中国男性戴的项链一般比较精致、文雅，衬托出男性比较温柔的一面，而国外男性戴的项链一般比较粗犷、大气，与他们高大的体形达成一种协调，使自己更有一种特殊的气质。

围巾，绕在颈上的生活习惯

一条温暖的围巾不仅能在寒冷的冬季为你御寒，也会通过与服饰的搭配，凸显你的气质、风度。作为实用性和装饰性都很强的配饰，围巾的佩戴方式可谓繁杂，不同的佩戴方式不仅会有不同的装饰效果，而且能体现佩戴者的生活习惯。

方法一：套舌结。首先，围巾绕在脖子上，右边的那头在上。其次，将右端从中间的空隙中穿过，最后，将这段再从空隙中穿回，留一部分重叠。

喜欢套舌结的人，会培养自己健康的生活习惯。平时坚持锻炼，如游泳、跑步、羽毛球等，如果住的楼层较高，他会绕过电梯，选择爬楼梯，通过运动来提高自身的身体素质和免疫力。对维他命等多种微量元素的补充也很重视。有空时，会通过泡澡促进血液循环，消除疲劳。在家居方面，喜欢用鲜艳的色彩表现缤纷的生活，无论是壁纸、家具，还是衣着、饰品，都是彩色的，充满了生命力，给人以清新活泼的快感。

方法二：轻盈结。首先，把围巾在脖子上绕一圈。其次，将左右两段围巾交叉打结就可以了，很简单。

喜欢轻盈结的人，生活节奏较快，平时比较繁忙，大部分时间花在工作上，所以生活的内容简单，甚至单调。对待工作，很有热情，认真负责，上进心很强，同时很有策略，坚定不移，步步为营。由于工作繁忙，出门就打车，进门乘电梯，不是看资料就是用电脑，一坐就是半天，虽然吃穿不愁，但是缺乏运动，饮食结构混乱，不利于身体健康。

方法三：法国结。首先，把围巾绕在脖子上打一个结，打结处留一点空隙。其次，把右边那段围巾绕过左边那段，再从空隙中穿过。最后，把围巾从空隙中抽出来。

喜欢法国结的人普遍爱干净，家里经常收拾得一尘不染，包括洗手间。很多喜欢养狗，且狗在家里的地位很高。在公共场合，讲究秩序，从不会插队。很注意保护别人的隐私，并严守时间，宁可等对方一个小时也不会迟到一分钟。生活中讲究平平淡淡才是真，所以情绪波动很小，几乎看不到他们大笑或者痛哭。

方法四：不对称结。首先，把围巾交叉绕在脖子上，左边在上，然后，将右边那段沿箭头方向穿过空隙，最后，把围巾从空隙中抽出来。

喜欢不对称结的人，喜欢凸显自己个性的生活方式。生活的目的不是很明显，通常是走一步算一步，信奉车到山前必有路，所以不会总去策划未来。但是他们做事很讲究原则，认定了一件事情就一定会努力做，并且给自己定的标准很高，做同样一件事，他们总是要比别人完成得出彩，完美。健康快乐和潇洒自由是其孜孜不倦的追求。

方法五：平衡结。首先，把围巾绕在脖子上，前后交叉打个结。其次，将前面那段围巾从脖子后面绕过去。最后，把从后面绕过来的围巾沿箭头方向穿过空隙。

喜欢平衡结的人，很珍惜时间，每天都按照自己的计划完成相应的事情，给自己带来成就感和满足感，因为他们时刻提醒自己，一段时光浪费了，就再也没办法补救了，不断地对自己重复这些心理暗示，培养出良好的生活习惯。

领带，男人胸前的介绍信

一条恰到好处的领带可以使佩戴者显得气质非凡，领带一旦出现在男人的颈端，就流露出无法掩盖的一种气质和一种魅力。一条好领带能让“西装革履”锦上添花，更给予穿着者一份庄重、高雅、潇洒和气派。巴尔扎克说过，“领带是男人的介绍信”，在弗洛伊德的理论中，领带更是象征着权力。这条装点着男人从脖子到胸前的空三角区的小带子，已成为现代服饰的一个文化符号，同时这封介绍信里也隐藏着男人的心理秘密。

钟情于柔和圆点图案领带的男士，喜好运动、健身，外形上大都肩宽，脸型棱角分明，给人以大男人的气质。这种男人韧性很强，从哪跌倒就从哪爬起来，拍拍身上的土，继续前行，从不怨天尤人、萎靡不振，自信的脸庞给人以力量。为人义气，很重感情，朋友有难不会坐视不管。有责任心，无论是公事还是私事敢作敢当，从不推诿。有气度，不会因为小事斤斤计较，宽容大度，能屈能伸。

喜欢戴质地很薄并整齐排列细小图案和细条纹形领带的男士，优雅从容，有贵族气。这种人社交能力强，与人交往讲究分寸、拿捏得当，能针对不同的人选择合适的话题进行交谈，同时能营造出让人惬意的交谈环境，使人乐于与其谈论问题。同时细心又懂得情趣，与爱人的纪念日从不忘记，并总能给自己的另一半带来惊喜。最重要的是他们有一颗平和的心，能以一颗平和的心去看待自己的得失，不愤世疾俗，不怪社会不公、怨生活不平，总能保持良好的心态，不偏激，给人心理上以踏实、轻松之感。

经常戴颜色明亮、清晰并有对比鲜明的条纹或小格子的领带的男士，充满活力，是潮流前线上的时尚达人，对当今吃穿住行各个方面的流行趋势都了如指掌，很会享受生活，无论出现在哪里都能让人们眼前一亮。这类人通常身材比例匀称，五官很有个性，而且品行端正、才情横溢、富有魅力。如果说有能力的男人可以令女人感到放心，有魅力的男人，则会令女人感到开心。

钟情于不规则图案或者粗细相间条纹领带的男士，性情温和，温柔而不失自信的微笑是其最显著的标志。随和并具有亲和力，让人容易接近，同时富有幽默感，能营造一个轻松舒适的氛围，使人们在一起交谈感到惬意。通常他们的声音都很有磁性，尤其是和女性交谈时，很抒情，就像从心底流出的一串串美妙音符。另外，他们很有活力，时刻保持一颗年轻态的心，所以工作上很有干劲，容易得到领导的赏识，下属的敬佩。

喜欢戴纯色的、底色和图案色反差不大的、小圆点领带的男士，比较内向，感情比较丰富，内心的想法通常不会轻易和别人分享，但是会在互联网上与未曾谋面的网友交流，或者在自己的博客上抒发内心的情感。而且他们的才华是公认的，通常会在艺术类的工作中出类拔萃。他们一般身材匀称，大部分身高较高，有标致的五官，性感温柔的眼睛。如果能将并不喜欢在公共场合抛头露面的自己展现在众人面前，很容易成为人们常说的“少女杀手”“少妇杀手”。

包包，拎出来的生活理念

走在大街上，不难发现很多人都挎着、拎着或者拿着一个包，包不仅可以为人们携带东西提供便捷，也是一种时尚的装饰品。包体积有大有小，颜色有艳有素，款式有男有女，所以选择性很强，随便进入一家箱包店，五花八门、琳琅满目的包都会让人一时不知从何下手，挑了又挑，选了又选，买了这个又看那个好，拿了那个感觉这个又不错，因为选择的款式、样式太多了。包不仅有装饰、提供便捷的作用，使用什么样的包也体现了一个人的性格和其生活理念。

从女性角度来讲，喜欢颜色鲜亮并装饰有味趣图案的大提包的女性，待人殷勤热情，不计较小事。但由于凡事随意和无所谓，常使人陷入窘境。她们热情、好交际、慷慨大方、有时会做出让人意想不到的事情。但是她们热爱生活，时刻保持一个良好的心态，积极乐观，认为生活是充满快乐和希望的，愿望是可以通过自身的努力实现的。

喜欢用上乘皮革制成并分隔出好多间隔的小手提包的女性，喜欢追求完美，有强烈的上进心，品性端正，待人接物彬彬有礼。充满自信、有组织才能、办事可靠，对工作有高度责任感，但缺乏想象力。这类女性认为生活的节奏应该是快速的，但是调节节奏的旋钮应掌握在自己的手里。

喜欢软皮、颇像公文包的手提包的女性，喜爱冒险、心地善良、个性刻板，对危险事物极其敏感。认为生活中应充满刺激，平淡的生活没有意义。在危险来临时总会感到莫名的蹊跷，似乎是第六感在作用。

喜欢款式普通但很实用的包的女性，个性认真严谨、善于处理实际问题，很能持家。她们认为生活应该是有板有眼的，不应该是漫无目的、随遇而安的，喜欢整齐，会操持家务，自尊心很强。对这种女性来说，重要的是任何时候都不能让不美的姿态出现。

对于包，男人有几种不同的携带方式，手提、侧背或者轻便地夹在手臂下等，每一种姿态也都体现出不同的性格和生活理念。

喜欢把包放进袋子里拎着的男性，既要面子又不肯委屈了自己。在他们的眼中，生活应该是体面的，他们很在乎别人对自己的看法，很注重自身的形象。讲究“人活一口气，佛为一炷香”，希望能取得别人认可的成绩，扬名立万，这种人的优点是做事情不怕麻烦。

选择运动包的男性，很想表现自己的男子气概，同时又有点小固执。这类男性认为生活应该是健康、充满活力的，属于典型的健康型生活理念。

很自觉地培养健康的生活习惯，讲究合理膳食，科学搭配营养，杜绝不良的生活方式，如不吸烟、不喝酒。平时坚持做运动，以提高自身的身体素质，预防疾病的发生。

钟情手提包的男性，有追求成熟赶时髦的欲望，但又不想过火，所以他们提包的时候总会表现出尽量让包远离自己的身体。他们的生活理念是实用主义，生活讲究实际，对于那些说时天花乱坠，做时寸步难行的人持鄙夷态度。习惯强调知识是控制现实的工具，现实是可以改变的；相信实际经验是最重要的，原则和推理是次要的；主张信仰和观念是否真实在于它们是否能带来实际效果。

戒指，环绕在指间的心语

生活中经常能遇到幸福的一幕，那就是见证一名男士单膝跪地，手里举着一枚钻戒，向他面前的公主求婚，一枚小小的戒指包含了两个人无尽的爱。戒指虽小，但能传情达意，最懂主人心。如今，戒指不仅是大多数女性的必备品，在男士中也非常流行。所戴戒指的种类和佩戴手指的不同不仅能说明一个人的生活状态，还能透露出其个性喜好和内心奥妙，可谓小戒指，大学问。戒指作为戴在手指上的装饰品，是一种向别人表露自己的方式，即使不能表露自己，至少可以借之引人注目。戒指显示的通常是一个人的内在，而非一时的冲动。

佩戴粉红钻石、蛋面珊瑚戒指的人，多数感情丰富浪漫；常戴红宝石、红碧玺戒指者，较为热情；喜欢海蓝宝石或蓝宝石戒指者，较内向与冷淡；祖母绿或绿松石戒指，则象征着感情脆弱。

喜欢戴珍珠或钻石戒指者都很注重名誉地位，极少对另一半不忠，是安全第一主义者。选择戴细小宝石戒指的女性贤淑、斯文、大方；喜欢戴古灵精怪或颜色抢眼的戒指的女性大都追求梦想，渴望寻求刺激有趣的生活，但内心充满矛盾。

男性戴纯银戒指，表示性情温和，容易迁就他人，容易沟通；喜欢戴K金戒指的男性则较重利，非常会做生意；男性喜欢戴翠玉戒指，表示有实力，也有品位，注重素质，办事严谨。

喜欢戴结婚戒指的人对自己的婚姻很重视，为家庭的和睦、温馨奔波操劳，乐此不疲。每当看到家人幸福的微笑，就会容光焕发、精神百倍；喜欢戴诞生石戒指的人对自己比较重视，同时也希望他人能对自己引起足够的重视，生活中有些相信命运；喜欢戴小指戒的人个性积极，知道如何出风头，而且从不担心自己的外在是否太过华丽；喜欢戴手工戒指的人比较喜欢彰显自己，为了让别人认识自己，会想尽办法让周围的人花更多的时间和心思看着自己，同时紧跟流行时尚，对自己很有信心。

佩戴钻石戒时，戴在小指上，表示单身；戴在无名指上，是已结婚或订婚；戴在食指上，表示想结婚；戴在中指上，就是在恋爱中。而有些人喜欢戴戒指，并非代表已婚或者订婚，而仅仅是一种装饰。就是这种随意的装饰，恰恰反映了佩戴者不凡的个性。例如，把戒指戴在拇指上的人希望自己能得到帮助并顺利地达成心愿；把戒指戴在食指上的人，个性开朗而独立；把戒指戴在左手中指上的人，有责任感，重视家庭生活；把戒指戴在右手中指上的人，心理平衡，态度客观，能营造自由爽朗的气氛，具有独特的魅力，有异性缘；把戒指戴在无名指上的人，比较随和，愿意过平凡的生活，不大计较得失。从古罗马时代以来习惯将婚戒戴在左手无名指上，相传此指与心脏相连，最适合发表神圣的誓言。而无名指上有重要穴道，戒指戴其上可以适度按压穴位，有安定情绪之效；把戒指戴在小指上的人，常常渴望与众不同，赢得别人的景仰与信赖，为了赢得别人喝彩，会不断地努力奋斗，但有时会妄自菲薄，甚至有些自卑。

手表，戴在手腕上的态度

好莱坞著名影星布拉德·皮特在出席活动时总是会吸引众多影星的追捧。帅气有型的皮特在服饰和配饰上很讲究，细心的人会发现，皮特在挥手向影迷致意的瞬间，左手腕上总会有一块别具一格的手表。这是名表豪雅为皮特量身定做的系列产品，它们设计一流，工艺精湛，颜色醒目，即使皮特一身正装，也会使他帅气倍增。手表不仅能装饰，凸显一个人的品位，展现一个人的魅力，手表的选择和戴法也能体现一个人的价值取向。

喜欢液晶显示手表的人，一般比较单纯、直观，认为世界是简单的，比较喜欢做简洁方便的事情，那些抽象复杂的事物总是使其手忙脚乱，所以他们认为应该把复杂的事情简单化，不应有无谓的烦恼，快乐至上。他们懂得精打细算，生活比较节俭。但他们在交朋友的时候不那么天真，而显得比较挑剔。

喜欢戴表面没有数字的表的人，观念新颖，抽象思维能力很强，比较理性，而且善于表达，总能将原本抽象而让人无法理解的事物向人们解释清楚，但是他们并不希望这样做。聪明睿智使他们总是寻求智力上的挑战，并且认为只有不断地战胜挑战才能实现自己的价值。他们对许多事情漠不关心、毫不在乎，所以常常让身边的人感觉他们并不在乎自己。

喜欢戴闹钟型手表的人，责任心很强，认为责任重于泰山，对于不负责任的人持鄙视和唾弃的态度。另外，他们时间观念比较强，总是把神经绷得紧紧的，一刻也不肯放松。他们喜欢按照计划办事，日历上排满了大大小小的事情和截止日期，总是以一种直接而有计划的方式为成功而努力。而且他们很有领导才能，但做事总是循规矩，缺乏创新意识，过于保守。

喜欢戴怀表的人，认为不应过度紧张劳累，要善于掌握自己的心境，懂得在紧张忙碌的工作中放松自己，以获得更好的工作效率。一般以男性居多，而且大多是一些成功的男性，怀表使其言谈举止更显优雅。这种人很有原则，有违自己原则的事不会去做。

喜欢戴显示不同时区的手表的人，认为人应经历各种能使自己得到历练的事，喜欢到不同的城市体验不同的生活，丰富人生阅历，相信人生阅历的丰富是成功的重要组成部分，不喜欢故步自封、原地踏步。

戴样式奇特的手表的人，一般以年轻人居多，他们的手表款式新颖，有如同发卡一样卡在手上的，有如手镯般在中间镶嵌上一块表盘的，有如戒指般戴在手指上的等，他们大多是为了搭配自己风格独特的服饰而佩戴的。他们很在乎自己在别人心中的形象和地位，重视外表，对别人的评价很在意，如果评价很低，他们会心情低落，想尽办法以改变别人对自己的评价。

戴在左手内侧的人，认为没有创新就没有生命，比较有创新意识，他们喜欢新鲜的事物，喜欢独特的处事方法，而且他们这种创新意识往往还表现在工作中，所以他们常常得到领导和上司的赏识。

戴在右手内侧的人，相信自信开朗是自己的“杀手锏”，同时具有冒险精神。自信的笑容，积极的处世态度使他们在与人相处时总是热情奔放，笑声不断，所以有很多朋友，同时树敌也很多。

腰带，围绕在腰间的性格

腰带是日常装饰品之一，一条恰到好处的腰带能让女性显现婀娜的身段，凸显完美的曲线，为自己的装扮增添许多亮点，能让男性更具有绅士风度，风度翩翩，魅力四射。每个人对腰带的喜好是不一样的，对腰带的款式、颜色的选择，不但能说明一个人的品位，也能反映出一个人的性格。

选择纤细款型与淡彩颜色的男士，感情细腻，懂得浪漫。他会准确地记住爱人的生日，并在那一天送上令人惊喜的礼物；他能体会出朋友生活状态的好坏，并在朋友困难时伸出援手，让朋友感激不尽；他可以在工作中左右逢源，为上司排忧解难，对下属体谅下情。这类男性一般说话声音低沉而又柔和，动作慢而又不失稳健，最善于用温柔的眼神捕获异性，很有异性缘。

喜欢复古和简洁腰带的男士，作风严谨，生活中，家里会打扫得一尘不染，井井有条；出门时的着装总是干净利落，显示出男人简洁与明朗的本色；工作上，责任心很强，工作态度十分端正，很少有关于他的流言蜚语。另外，他们心态平和，情绪不会出现大起大落，比较理性。

钟情粗线条牛仔皮带、皮革编织腰带的男士，奔放、充满活力，魅力不可抵挡。他们的目光总是会投向那些彰显豪迈个性的饰物，因为这些都体现了他们非同寻常的男子汉气概。这类男性比较时尚，是时尚大潮的弄潮儿，身上时刻散发着浓厚的艺术气息。他们不喜欢有束缚的生活，崇尚自由，思想总是在飞奔，很前卫。

腰是女性美丽立身的根本，是与时尚同步的宝贵资源，一条合适的腰带可以让女性将自己的风采展露无遗。

喜欢宽板腰带的女性，性情粗犷、带有一定的侵略性，在征服的过程中带有某种中性的性感。这类女性喜欢穿着牛仔裤或是闪亮型长裤，以展现女人率性不羁的一面，让人过目不忘。

选择缠绕腰带的女性，感情细腻，身姿纤巧，柔情似水。这类女性很含蓄，在生活上本本分分，从来不做出格的事情，十分讨家人喜欢；在工作中，有条不紊，兢兢业业，又很善于搞好与同事的关系，人缘极好，是文静的青春型和职业型女性，在与异性相处时，总不经意间显出温柔女人味，令对方魂牵梦绕，爱慕不已。

钟情链子腰带的女性，比较妩媚，气质高贵、独特，蕙质兰心、灵气袭人。这类女性中，女强人很多。很自信，面对困难从不慌不择路，总是镇定地作出决定，也很有思想，所提出的建议和意见都有独到之处，另外考虑事情非常周到，常常未雨绸缪，能防患于未然。他们大多心灵手巧，手工工艺品、各种编织技巧都不在话下，在衣着和举止上都非常得体，收放自如，从不畏手畏脚，上得了厅堂下得了厨房，是典型的大家闺秀。

Part 2

初步了解，察言观色

第四章　举手投足彰显个人魅力

一片落叶虽薄，却能宣告秋天的到来；一面镜子虽小，却能映照世界的面庞；举手投足，尽显一个人的思想、性格、作风和态度。你的每一个姿势，每一个动作，都会在不知不觉中泄露你的性格或心理，使你的缺点和不足在他人面前无处遁形。注意你的一举一动，在与人交往时彰显自己的魅力，敲响对方的心窗。

小握手蕴含大学问

在人类交往的历史进程中，握手已经成为最为普遍的一种表达友好的方式，初次见面的两个人通过手与手的接触来感知对方的态度和思想，当然这也为接下来进一步的接触提供了铺垫和过渡。

随着握手这种行为变得越来越普遍，很多人不拿它当回事，觉得只是一种表面上的礼仪，其实不然。握手看似简单，里面却蕴含着很大的学问，通过一次握手可以判断一个人的性格、态度、个性等多种特点，是初步了解一个人的重要途径。掌握好这种识人辨人的方法，对一个人未来的交际成功会有很大的帮助作用。如英国女皇与人握手时，她的手并不全伸出来，同时明显地把拇指屈向下方。这意思是不让对方完全握住她的手，这象征着权力，是在无声无息地显示女皇的权威！与此相反，有些男子总喜欢使劲地与人握手，也许这是表达男于汉力量或气概的一种形式。

握手是世界上最常见的一种礼仪，但是握手也会提示许多健康的信息和性格所在。因此，掌握一些手诊知识，在实际交往中非常有用，通过握手可以让你知己知彼，在朋友交往中做到心中有数。

第一，当初次与对方握手时，要仔细观察对方伸手的方式，尤其要看对方拇指与食指的开张距离，这里面是有一些讲究的。

1. 拇指与食指张开 30 度以下者。其人小心、谨慎、保守、自私，不喜欢改变自己和周围环境。一般身体比较弱。

2. 拇指与食指张开 45 度者。其人灵活、适应能力强、慷慨、爱好自由自在、独立能力强、富有同情心。一般身体都比较健康。

3. 拇指与食指张开成 90 度，其人大方、开朗、仗义，独立心极强、不易受环境束缚，但往往大意、浪费，自我主义。一般身体功能比较旺盛，但肝火盛。

第二，除了看手伸出的方式，我们还可以从手感上来判断对方的情况，仔细感受，你会发现每个人给你的手感是有很大区别的。

1. 手感凉：主脾肾阳虚。体弱怕冷，消化吸收能力差。

2. 手感热：主心肾阴虚。清烦躁，上火，失眠，多梦，紧张。

3. 手感湿：主心脾两虚。容易疲倦乏力。手掌多汗者，多为脾胃积热，心火盛、心理压力大，精神易紧张。

4. 手感干：主肺脾两亏。皮肤干燥，容易感冒。

5. 手感黏：主内分泌失调。特别是糖尿病人多见。

6. 手感温暖润泽：主五脏调和。身体健康。

第三，通过感知对方的手感，我们可以判断出对方的性格特点。

1. 手的温度偏低，手掌的形状呈方形，质地偏硬，不把手伸直，并且是等着别人前去握他的手，自己不主动伸出。握手时一般不认真、不用力，握手的时间短暂，松手迅速。

这种手感的人性格比较孤僻，不开朗。喜欢安静，思维能力强，爱钻研，但对人不热情，不体恤，性情孤僻抑郁，懒惰而不愿结交人。因而容易导致血气运行不畅，从而易患神经衰弱，胃肠疾病，肺病等。

2. 手较热，质地柔中见刚，动作迅速，握手很紧，但握的时间短，松手迅速。

这种手感的人爱斤斤计较，办事不仔细，易浮躁，做事不考虑后果。表面不拘小节，热情奔放，爱说爱动，实际上斤斤计较，工于心计，没有自我牺牲精神。所以容易患神经过敏症，以及心血管疾病，因喜动伤心耗气，气血受损，经脉失养，常出现心悸、腰腿疾病等。

3. 手比较温暖、柔软，动作迅速，握手时握得紧，握的时间较长。

这种手感的人比较有爱心，性格温顺，自尊心强，对人诚恳，处事总多为别人着想。但是易患动脉硬化、冠心病等。

4. 手比较湿冷，手掌的质地比较硬，握手时动作生硬，不和谐。

这种手感的人比较倔强，爱慕虚荣，爱听正面的意见，爱听别人恭维自己，常爱发脾气。

因而容易怒极伤肝，故这种人易患高血压，肝病等。

要正确地了解、判断一个人，不能只凭一行一事或表面现象，需要经过长时期的观察分析，特别要把握他在失去领导监督及道德舆论约束时的言行表现。注意他对那些身处逆境或地位低下之人的态度。古语讲的“路遥知马力，日久见人心”，“时乱识忠良，世乱见臣心”，“逆境见真情”，都是讲的这个道理。

手势需要正确使用

传说，有位国王喜欢用手势来说话，有一天，国王听说都城来了一位善于打手势的农夫，想和他比试一下谁的手语厉害，就让卫士带农民来到王宫。

一见面，国王就伸出一根手指，农夫紧接着伸出两根手指；国王随后伸出三根手指，农夫握紧拳头挥舞了一下；国王随后拿起一个水果，农夫从口袋里掏出一把面包屑。国王大喜，吩咐卫士拿金币厚赏农夫。

农夫离开后，有人问国王，为何给予农夫奖励。国王说："我伸出一根手指，说'我是独一无二最尊贵的人'。他伸出了两根手指，是在提醒我'你还有陪你共患难的王后'。我伸出三个手指头，是说'我还有三个儿子'。农夫挥舞拳头，是说'只要一家人团结起来，就能战胜一切困难'。我拿起一个水果，表示'以后我的恩泽将泽被一草一木'。他送我面包，是在说'你会令国家的人从此远离饥饿'。哎，他真是一位智者啊。"

农夫回到家后，妻子问农夫，你都说了什么，国王给予你如此丰厚的奖励。农夫说："他伸出一根手指，是在嘲笑我只有一条腿。我伸出两根手指，表示我有两只手，照样能干活。他伸出三根手指，是说'你四肢不全，缺少一条腿'。我挥舞拳头，是告诉他'不许嘲笑我，不然我揍你'。他拿起一个水果，是在表示向我道歉。我不好随便收人家的礼物，就拿出一把面包屑作为回礼。唉，他真是一个白痴啊，道歉哪用得着给那么多金币。"

同样的手势，国王和农夫却产生了完全不同的理解，同一国家的人尚且有这样大的差异，那不同国家之间的差异就更加不言而喻了。在不同的国家和民族之间，手势语言存在着巨大的文化差异，切不可随便使用。

在欧洲绝大多数国家中，"V"形手势语表示"胜利"，不过，做这一手势时务必记住把手心朝外、手背朝内，在英国尤其要注意这点，因为在欧洲大多数国家，做手背朝外、手心朝内的"V"形手势是表示让人"走开"，在英国则指伤风败俗的事。

在我国"竖起大拇指"往往表示"真棒"的含义；在美国，这个手势意味着"进展顺利"；而在孟加拉国，它则表示对人的侮辱。"向下伸大拇指"在中国表示"向下""下面"；在英国表示"不能接受""不同意""结束"；

在印度尼西亚则有“失败”的意思。“伸出弯曲的食指”在缅甸表示“5”；在斯里兰卡表示“一半”；在日本则表示“小偷”或“偷窃行为”。

可见，相同的手势在不同的国家具有不同的意思，我们在与外国朋友交往时，一定要切记不可轻易使用手势，以免在不经意间让人误解了我们的好意。

此外，在同一名族、同一国家当中，某些手势还有特定的含义，我们要善于抓住手势的小动作，破解对方的心理密码。

双手大拇指不停地有规律地互相旋绕，表示“无事可做”“闲极无聊”之意；

用手指轻轻触摸脖子，说明对方对你说的持怀疑或不同意态度；

用手托腮，手指顶住太阳穴，说明对方在仔细斟酌你说的话；

双手相搓，表示对方陷入为难、急躁的状态；

双手插在口袋里，表示内心紧张，对将要发生的事情没有把握。

手势的表达千差万别，但万变不离其宗，正确使用手部动作可以使我们的语言更有说服力，但讲话过程中的手势是内在情感的自然表露，如若不然，不仅不能实现表情达意的效果，而且会画蛇添足。

站姿显示人的性格

在我们成长过程中，长辈们总是耳提面命地提醒我们要“坐有坐相，站有站相”。尽管如此，人们的站相还是千姿百态。而通过人们在无意间的站姿，我们也可以一窥其中的心理奥秘。

美国夏威夷大学一位心理学家指出，不同的“站姿”往往可以显示出一个人的性格特征。因为每个人都有自己的生活习惯、起居饮食、言谈举止、厌恶爱好以及意识倾向，也正是这些方面决定了一个人的特征，而这些特征则显示出一个人的性格，当然站立的姿势也不例外，也可以显示一个人的性格特征。

一个正确的站立姿势应该是抬头正首，双目平视前方，嘴唇微闭，面带微笑，自然平和；双肩放松，稍往下压，使人体有向上的感觉；躯干挺直，身体重心应在两腿的中央，做到挺胸、收腹、立腰；双臂自然下垂于身体两侧，或放在身体前后；双腿直立，保持身体的端正。可一般人都有自己的习惯站立姿势，也正是因为这样，才能说站姿能反映一个人的性格。

下面我们具体分析一下各种站姿所代表的性格特征：

背脊挺直、胸部挺起、双目平视的站立：属开放型，给人以“气宇轩昂”“心情乐观愉快”的印象，这种人往往有充分的自信，要不就是十分注意个人形象，或此时心情十分乐观愉快。

弯腰曲背、略现佝偻状站立者：属封闭型，表现出自我防卫、闭锁、消沉的倾向，同时，他们自我防卫意识非常强，经常有惶恐不安或自我抑制的心情，他们对生活提不起任何兴趣，精神上也很消沉。

两手叉腰而立者：在自信心和精神上这类人有着绝对的优势，表明他们对眼前所发生的事情有了充分的准备。这是一种开放型的动作，没有一种气魄似乎并不容易做到。

双手叠于胸前者：站立时有这种举动的人，性格极坚强，即便遭受很大打击，也能迅速振作起来。他们对于陌生人，自我保护意识比较强，过分重视自已的利益，往往因此而伤害集体的利益。

别腿交叉而立：表示一种保留态度或轻微拒绝的意思，也是感到拘束和缺乏自信心的表示。

将双手插入口袋而立者：具有不坦露心思、暗中策划、盘算的倾向；若同时配合有弯腰曲背的姿势，则是心情沮丧或苦恼的反映。

倚墙而站者：这类人多是因为失意而心情不好，他们一般对人都比较友好，说话比较坦白，容易接纳别人。

双脚并拢，双手交叉站立者：并拢的双脚表示谨小慎微、追求完美。这种人看起来缺乏进取心，但往往韧性很强，属于平静而顽强的人。

背手站立者：多半是自信心很强的人，喜欢把握局势，控制一切。一个人若采用这种姿势在别人面前，说明他怀有居高临下的心理。但是，如果一只手从后面抓住另一只手的手臂，则此人可能正在压抑自己的愤怒或其他负面情绪。

不断改变站立姿态者：这是一个行动主义者，他们性格急躁、暴烈，身心经常处于紧张的状态，而且不断改变自己的思想观念，没有一个固定不变的想法。在生活方面喜欢接受新的挑战。

走姿反映人的气质

古语说“以行观人”，这是有一定道理的，人走路的姿态是行为表现的集中反映，如果我们细心观察，探寻规律，抓住特点，就可以从人走路这第一印象中，初步了解到他的某些性格、气质。

当我们看到傻子时，不管是哪个年龄段的人，只要他具有常人的思维能力，有一定的独立性、预见性，就很快能看出这是个傻子。为什么人们很容易看出“傻子”呢？是因为他头脑简单，知识贫乏，智力、思维能力低下，他们走路的动作相对缓慢、迟钝、笨重、不协调。我们分辨一个人是不是傻子，走路方式是一个很重要的参考因素。

在激烈竞争的当今社会，我们研究“走路看性格”，对用人单位和现实生活中的人际交往很有启迪与帮助。用人单位选拔什么样的人才，工作、生活中与什么人交往，通过走路可窥一斑，这对于以后的工作开展、交往处事大有益处。

步伐急促、矫健的人比较注重现实，精明强干，他们往往是事业有成的代表，凡事三思而后行，不莽撞和唐突，不好高骛远，无论是事业还是生活，都能够脚踏实地，一步一个脚印地前进。敢于面对现实生活中的各种挑战，他们很快地适应，凡事讲求效率，从不拖泥带水。

走路昂首挺胸是自尊、自信的表现，不过这类人有时过于自负，狂妄自大，还可能有清高、孤傲的缺点。他们凡事只相信自己，处处凭主观臆断，人际交往较为淡漠，经常是孤军奋战。但是他们思维敏捷，做事有条不紊，富有组织能力，能够成就财富事业和完成即定目标，自始至终都能保持完美形象。

步伐平缓的人走路时总是一副慢腾腾的样子，无论别人说得如何急他都跟不在乎似的，这是典型的现实主义派。他们凡事讲求稳重，“三思而后行”，绝不好高骛远。如果他们在事业上得到提拔和重视，也许并不是他们有什么“后台”，而是他们那种务实的精神为自己争取了机会。

军事步伐的人如果能充分发挥自己的长处，一定收效颇丰，因为他们对事业的执着是其他类型的人不可比拟的。但如果你的上司是这种人的话，日子可就不好受了，很多时候他会让你“吃不了兜着走”，因为他们一般都比较“独裁”，且有时候甚至会不惜牺牲任何代价去达到个人的理想和目标。

人的走路方式还有很多，如走路时身体向前倾，踱方步，连蹦带跳，手足协调……每一种走路姿势都代表了不同的个性，用心观察走路姿势，我们可以发现平时很难发现的小秘密。

同样，父母也可以根据走路姿势观察孩子的内心世界，一般情况下，在右边行走，代表掌握主动权，这样的孩子会产生“我要去哪里，妈妈就会跟我去哪里”“去哪儿他们都得听我的”之类的想法。反之，走在左边的，是被动型的孩子，没有自己的主见，愿意听从别人的安排，这样的孩子可能一直与世无争，经常委曲求全，很难形成属于自己的个性，父母要注意到这一点。

教育学家一再表示，那些已经成功的人，大多大踏步走路，眼睛目视前方，坚定有力。如果父母希望自己的孩子未来也能走向成功，那就应该先从培养孩子正确的走路姿势做起。

坐姿透露人的修养

当人在坐着的时候，总会寻找一个自己认为最舒服的姿势。因此，当你全身放松时，你不经意间的坐姿可能会出卖你，在不自觉中向他人透露出你的性格特点和内心秘密。下面我们分析一下几种典型坐姿的性格特征。

正襟危坐者：双腿并拢垂直于地面，腰杆挺直，你为人真挚诚恳，襟怀坦荡，做事有条不紊，但容易较真。你只做那些有把握的事，从不冒险行事，因此缺乏创新与灵活性。在陌生环境中，这往往是身份较低者紧张、重视对方的表现。

跷二郎腿者：对身居高位的人士而言，这是有优越感的表示。要是加上抖腿，可能是因为开心或心情比较放松，但也可能是不拘小节或脾气急躁的表现。

将椅子转过来、跨骑而坐者：这是当人们面临语言威胁，对他人的讲话感到厌烦或想压下别人在谈话中的优势而做出的一种防护行为，是攻守兼备的表示。有这种习惯的人，一般总想唯我独尊，称王称霸。

身体蜷缩者：弯腰低头，小腿缩到凳子下、双手夹在大腿中，这是在尽量缩小自己占用的空间，仿佛在说“不要注意我”，这种人往往自卑感较重，谦逊而缺乏自信，大多属服从型性格。不过，这也有可能是做错了事心中感到焦虑不安的表现。

把双脚伸向前，脚踝部交叉者：当男人显示这种坐姿时，通常还会将握起的双拳放在膝盖上，或双手紧抓住椅子扶手；而女性采用这种坐姿时，通常在双脚相碰的同时，双手会自然地放在膝盖上或将一只手压在另一只手上。这种坐姿说明你喜欢发号施令，天生有嫉妒心理，而且可能是个很难相处的人。研究表明，这还是一种控制感情、控制紧张情绪和恐惧心理，很有防御意识的一种典型坐姿。

腿脚不停抖动，而且喜欢用脚或脚尖使整个腿部抖动者：这种人最明显的表现是自私，凡事从利己角度出发，对别人很吝啬，对自己却很纵容。但他很善于思考，能经常提出一些意想不到的问题。

在他人面猛然而坐者：表面上是一种随随便便、不大礼貌、不拘小节的样子，实际上这说明此人内心正隐藏着不安，或有心事不愿告人，因此不自觉地用这个动作来掩饰自己的抑制心理。

正确的姿势：在入座时应该轻而缓，走到座位面前转身，然后轻稳地坐下，在这个过程中不应发出嘈杂的声音。若发出嘈杂的声音，就会给别人造成听觉冲击，给人留下不好的印象。

男士坐下时，要挺直脊背让身体重心下垂，两腿与肩部同宽，双手可以自然地放在双腿上。但在与人交谈或作会议发言时，不要坐满整个椅部，让臀部与椅背略有空隙，大腿和小腿成90度角，以表现出男性的练达和自信。不要把小腿交叉蜷缩在椅下，这样显得腿短且姿态窝囊。

女性在谈话、谈判、会谈等比较严肃的场合，上体要正直，臀尖落在椅子的中部，双手放在桌上，或将一只手放在椅扶上，脚可以并着放，也可以并膝稍分小腿或并膝小腿前后相错、左右相掖。在社交场合，为了使坐姿更优美，女性可以采用略侧向的坐法，头和身子朝向对方，双膝并拢，两脚相并、相掖或一前一后，在落座时，应把裙子向腿下理好，掖好，以免不雅。

所谓坐有坐相，这是行为举止的基本素质，正确的坐姿可以透露出自己良好的礼仪修养，给自己加分，并进而赢得更多合作和被接受的机会，创造财富。在人际交往中，我们一定不能忽视坐姿里面的大学问。

睡姿体现人的性格

人睡着之后，意识不起作用，这时候的行为是潜意识控制的，也是最真实的。人的睡姿就像一面镜子，将我们最真实的个性展现出来。英国克里斯·伊德兹考斯基教授表示："当我们醒着的时候都能感觉到自己的肢体动作，但我们第一次发现下意识的睡眠姿势也能表明我们的性格。"

睡姿也能看出一个人的性格。那么，什么样的睡姿反映什么样的性格呢？

胎儿型睡姿：外表强悍但内心敏感

姓名：张雨薇　年龄：23 岁　职业：学生

我习惯向右侧着睡觉，右手放在枕头旁边，左手自然搭在腰间，两腿自然弯曲，就像子宫里的婴儿。我也曾试图改变一下自己的睡觉姿势，可是只要换个姿势我就睡不着觉，这样尝试过几次之后我就放弃了。

专家分析：这是最常见的睡眠姿势，也是最科学的一种睡姿，有利于整个身体的放松。这种人通常外刚内柔，坚强的外表下有一颗敏感的心，缺乏安全感，比较软弱，独立意识不强，对某一熟悉的人物或环境总是有着极强的依赖心理。

小提示：胎儿型睡姿的人，应当选用高一些的枕头，以防颈部不适。

士兵式睡姿：中规中矩，过分理性

姓名：李炳贤　　年龄 36 岁　　职业：军人

我每天都是平躺着睡觉，脸向上，两手贴在身体两侧，战友说我睡觉的姿势就像是躺在床上站岗一样。呵呵，他们总觉得我这样睡觉会很累，但我并没有感到不舒服，可能是习惯了吧！

专家分析：用这种睡姿的人的性格十分中规中矩，有时过于理性。他们不喜欢人多、嘈杂和混乱的场合，对别人和对自己的要求甚高。

小提示：这类睡姿可能引发呼吸方面的问题，建议肥胖的人尽量少采用这种姿势，此外，这种睡姿还容易引发很大的鼾声。

海星型睡姿：没有防卫心理，盲目乐观

姓名：吴先雷　　年龄：25 岁　　职业：媒体从业人员

我老婆说我睡觉的时候经常是手大大地打开着搭在她的身上，占了床的大部分，经常挤得她没地方。我自己倒是没感觉，可能是睡着以后自己不知道了吧。

专家分析：采用这种睡姿的人通常占 5%，惯用这一姿势的人一般都乐于助人，对周围的人非常慷慨，朋友很多，但他们不喜欢成为被关注的焦点。不过这种人对自己的状况盲目乐观，盲目自信，就像有些自负的人，他们待人接物热情、开放。

小提示：这种睡姿会引起睡眠中断或打鼾。

圆木型睡姿：个性随和，会相信陌生人

姓名：刘菲菲　　年龄：28 岁　　职业：媒体人

我喜欢侧着睡，很少仰卧，就算睡的时候仰着，早晨起来一看还是侧着的。不知道为什么，已经习惯了。

专家分析：这型人在人际关系、情绪表达上比较适度，既非情绪化，也不是过分理性。个性也比较随和，喜欢待在人群之中，会信任陌生人，不过可能容易受骗。

小提示：这种睡姿的人应在睡眠过程中多变换变换姿势，以加快全身的血液循环。

此外，人的睡姿还有渴望型、自由落下型等。渴望型的人睡觉时身体的一侧着床，两手向前伸出，有如在渴求些什么。这类人心胸开放，但也可能多疑而尖刻，他们不轻易作决定，可是一旦作出决定就不太会再更改。

自由落下型的人面朝下趴着睡，脸转向一侧，两手放在枕头旁边。这型人多半喜欢热闹，胆子大，顾忌少，内心可能有些神经质，脸皮很薄。他们不喜欢被人批评，也不喜欢极端的处境。

脚语泄露人的秘密

犹太人是世界上最有生意头脑民族，他们很善于从他人的脚语中察觉对方的心理。

有一位圆滑世故的美国商人与一位犹太人谈生意，谈判时，这位美国商人发现犹太人露出了不快的神情，似乎不愿意继续和他谈下去。为了做成这笔生意，他委婉地说：“我诚心诚意地要做成这笔生意，我已经把底牌都摊给你看了。”他满以为如此诚恳的态度一定能令犹太人感动，但犹太人的态度反而更强硬了，因为他已经发觉了美国商人口是心非，最后这笔生意也不了了之。

为什么会出现这种意料不到的结局呢？原来是美国商人的脚泄露了他的秘密。在说话时，他的两只脚交叉翘起，这一姿势表示怀疑和防范，与他所说的“诚心诚意”正好相反，犹太人当然不愿意和这种不老实的商人做生意了。

在现代汉语中，有许多描述脚语的形容词，如描写脚步的轻、重、缓、急、稳、沉、乱等。其实，脚步的这些状态与人的内心变化有着密切关系。因为人的心情不同，走路的姿势也就不同；人的秉性各异，走起路来也有不同的风采。

“脚部让我们露出马脚的原因可能是因为它们是反馈最少的身体部位。”曼彻斯特大学心理学系主任杰弗里·贝蒂教授表示分析说。

贝蒂还表示：“大部分人知道自己的面部表情是什么，可以戴上微笑面具，可以掩饰眼神；有人注意到自己的手正在做什么，但除非我们刻意去想，否则完全不知道自己的脚在干什么。”

人在站立时，脚往往会朝着他心中惦念或追求的方向或事物。譬如，有三个男人站在一起，表面看来他们在专心交谈，谁也没有理会站在一旁的漂亮姑娘，但实际上不是这么回事，每个人都有一只脚的方向对着她。也就是说，每个人都在注意她，他们专心致志的交谈只是一种假象，脚语早在不知不觉中暴露了他们的真正意图。

一位端庄秀美的女子，走起路来却匆匆忙忙，脚步重且乱，从“脚语”我们可以判断她一定是个性格开朗、心直口快、不留心眼儿的人，这就与其外表严重不符；反之，如果某人看上去五大三粗，走路却一副小心翼翼的样子，那他肯定是个心思细腻的精明人，这种人往往心机较重，做事滴水不漏。

观察双脚，还能判断一个人是否在撒谎。如果一个人的双脚完全静止，安分得有点过分，那他正在说谎。“如果我们说谎，我们确实会压抑自己正在做的动作，包括脚部动作。”贝蒂教授说。

据说，有一次英国首相布莱尔出访利比亚，在访问时与利比亚领导人卡扎菲握手寒暄，亲切交谈。一位研究“肢体语言”的英国专家注意了当时的一个细节：布莱尔双手放在膝盖上，始终端坐在沙发上。而卡扎菲却靠在沙发靠背上，漫不经心地看着布莱尔，他还高高地跷着二郎腿，左脚上的皮鞋鞋尖朝着布莱尔，还不断地晃来晃去。

这位专家说：“卡扎菲根本没把布莱尔放在眼里，从他脚的动作我们就可以看出来，因为卡扎菲的姿势表示对对方的轻视和侮辱。”“在阿拉伯文化里，脚上穿的鞋子被认为是不洁的物品，与人交谈时应该始终放在地板上，并且鞋尖不能对人”，他接着解释道。

另一位英国心理学家莫里斯也表示：“人体中越是远离大脑的部位，其可信度越大。”人体距离大脑中枢最远的部位非脚莫属，因此，脚比脸、手诚实得多，它的每一个动作都构成了独特的脚语。

第五章　一颦一笑流露真实内心

俗话说："一人一面相。"在古代，有一种预测术"面相学"，专门从五官来推断一个人的祸、福、吉、凶。透过五官变化、面部表情等，人类的性格、心理可彰显于外，成为人与人之间心灵沟通的纽带。认真体味亲人、朋友、同事的表情、眼神等，看透他人本质，然后投其所好、对症下药，使沟通无处不在。

了解眨眼情况背后的意图

我们在与人交往的初期，由于不能深入了解对方的喜好和做事风格等，往往很难确定对方是否为可交可信之人，因此只能简单地通过对方的衣着、外貌打扮来判断。当然，随着如今人们选择的多样化和设计的个性化，单单透过外表观察一个人显然是不够的，即使了解到对方的性格特点，也不能够确定对方此时此刻对你的态度和想法。那该怎么办呢？

据心理学家研究，人类眨眼睛的速度和方式也能反映出一个人的心理变化和思想情况。眼睛是心灵的窗户，通过眼睛的细微变化，你可以清楚地了解对方的想法和思维情况，一个人是否真诚、是否在讲述谎言，通过眨眼的频率是很容易看出来的。我们每个人每天都在不停地眨眼，正常人每一分钟要眨眼 10 ~ 20 次，通常 2 ~ 6 秒就要眨眼一次，每次眨眼要用 0.2 ~ 0.4 秒钟时间。不算睡眠时间，一个人一天大约要眨眼一万次，人体中最忙的就是提睑肌了。

我们知道，当外界有飞虫或者其他物体飞向眼睛时，我们的眼睛会快速作出反应，或眯眼或闭眼，避免眼珠受到伤害。同样地，当一个人要通过眼睛表现自己的情绪时，也会利用眼皮来调整视线的穿透力度，或者用眨眼来掩饰自己的慌乱或不知所措。因此，通过对他人眨眼情况的把握，也能够帮助我们更好地了解对方。

1. 高压状态下眨眼频率会提高

正常人在放松的状态下，每分钟会眨眼 6 次到 8 次，每次眼睛闭上的时间只有十分之一秒，但是如果此时这个人正处在高压状态下的话，他眨眼的频率就会显著提高，如撒谎的时候。

2. 眨眼时间拉长表示不想和你继续纠缠下去

专家解释说：当人们对他人感到厌倦、无趣或者认为自己高人一等时，眼睛眨动的间隔时间就会远远长于正常情况的十分之一秒。这其实是人们的大脑企图阻止眼前人进入自己视线的一种下意识的行为。如果有人对你做出这样的动作，那就意味着他已经没法忍受跟你继续纠缠下去，所以他每次眨眼时眼睛会闭上两到三秒钟甚至更长的时间，让你从他的视线中消失。如果他的眼睛一直闭着，那就表示他的头脑里已经完全不在考虑你的存在了。

3. 脑袋后仰并长时间凝视你意味着你的表现不够精彩

自高自大的人不仅用延长眨眼的间隔来显示自己高人一等的姿态，有时候还会脑袋后仰给你一个长时间的凝视。通常这种姿势是用来表达蔑视的态度，但是当人们认为自己没有受到应有的重视时，也会做出这个动作。此外，延长眨眼的间隔还是属于西方文化的肢体语言，特别是英语国家里自认是上流社会的人们，经常做出这个动作。如果在你和别人交谈的过程中，对方眨眼的频率变得很拖沓，那就意味着你的表现不够精彩，需要采取新的策略激发对方的兴趣。如果你认为对方这样做只是出于高傲，那么你不妨给予这样的回敬：当对方第三次或者第四次长时间闭着眼睛时，快速地向左边或者右边移动一步。这样，当他们再度睁开眼睛时，就会产生错觉，以为你消失不见了；继而又在旁边突然看到你，这一定会让他们吓得不轻。如果跟你谈话的人一边不紧不慢地眨眼，一边渐渐打起了呼噜，那么你完全可以认定你们之间的沟通失败了。

4. 东张西望的人对于眼前的人或事物缺乏安全感

当人们的目光上下左右四处看时，我们通常认为是在观察整个房间的事物，但实际上这是大脑在搜寻逃跑的路线（就像猴子和猩猩做这个动作的动机一样）。所以，东张西望的神情是人们对于眼前的人或事缺乏安全感的表现。

当你和一个特别讨厌的人说话时，你本能地会想要看别的地方，寻找可能摆脱这个人的办法。但是因为我们大多数人都知道，目光转向其他地方是对谈话失去兴趣的表现，会让对方感受到自己逃跑的渴望。所以，为了避免引起对方的不快，我们会更专注地看着这个讨厌的谈话对象，并且用紧巴巴的微笑伪装出很感兴趣的样子。这样的行为就像我们之前提过的那些撒谎者一样，都是利用增加目光相交而让自己显得更真诚可信。

领悟面部表情背后的真实意思

齐玉是一个很单纯的女孩子，什么事都写在脸上，朋友总能从她的表情一眼看穿她的心思。当别人告诉她令人难以置信的消息时，她就会瞪着一双大眼睛很惊讶地看着对方；假如有人做了她看不惯的事情，她就会使劲地撇嘴，露出一副很不屑的神情；当她偶尔撒个小谎时，她的脸就会变得通红。

表情是心情的真实写照，那么，人有多少种面部表情？美国的心理学家研究的结果可能会令你大吃一惊：约 100000 种。而且各种表情的变化十分迅速、敏捷和细致，能够真实、准确地反映情感，传递信息。面部所表现出的各种各样的情感，最能吸引对方的注意。在你未开口之前，对方就从你的面部表情上得到了一定的信息，对你的气质、情绪、性格、态度等有所了解了。所以有句话说得好，看人先看脸，脸是人的价值与性格的外观。

人类复杂的表情变化都是在头部的眉、眼、嘴、鼻的动作变幻上体现出来的，它是人体中最富有表情、最生动的部位。人类心理的变化，会直接导致头部各个器官的变化，从而表现出喜、怒、哀、乐等各种表情。尽管不同的民族有不同的文化差异、价值取向，但有一点是共同的，那就是快乐、悲哀、静穆和狂怒等复杂、丰富的面部表情。

有些人总是面带着微笑看着对方，其实这并不意味着他赞同你的观点，他只是用微笑来掩饰内心真正的想法。这类人通常做事不露锋芒，不爱表露自己的真实想法，喜怒不形于色，谨小慎微，即使在复杂的人际关系中，他们也能游刃有余。

习惯咬嘴唇和舌头的人，从性格上看，一般是心无城府、喜怒形于色的人。如果在听人说话时做出这种动作，说明他对讲话的内容不太感兴趣，或者是想发表自己的看法，但又不知道如何开口。

喜欢皱着眉头的人，在听别人说话时很少发表意见。其实，这并不表示他们反对发言的言论，恰恰可能是因为他们正在仔细听对方的话，并进行深入的思考。这类人通常具有批判精神，总试图提出与众不同的意见。

下巴的动作也会出卖你。下巴微微下坠，说明正处于认真又放松的状态；伸长下巴，表明极度疲乏，需要很好地休息；下巴抬高，表示现在内心很骄傲；用手托住下巴，表示内心很不安、孤独。

科学研究表明：瞳孔变化最能反映内心世界的变化，凡在出现强烈兴趣或追求动机时，瞳孔会迅速扩大。据说，古代波斯的珠宝商人出售首饰时，总是根据顾客瞳孔的大小来要价。如果一只钻戒的熠熠光泽能使顾客的瞳孔扩张，商人就会将价钱要得多一些。

当然，有些人在交往中不愿透露自己过多的心思，于是用表情掩饰自己内心真正的想法，可能你看到的明明是微笑的表情，但实际上对方早就已经为某件事在心里怨恨你了；可能你看到一个人正面无表情地盯着一个地方，好似在观察什么，实际上他只是在发呆。表情有时候与真实的想法是不一致的，但只要你认真观察，总能在脸部找到蛛丝马迹，说谎的表情也有说谎的表现和暗示，只是我们忽视了而已。

表情就是反映内心世界的一面镜子，每一种面部表情都代表着一种心理。只要你深刻体会各种表情的含义，就能轻易解读他人的心思，成为洞察他人心理的专家。

笑容泄露了你的心事

笑容是人类生存的一种本能，是人类与他人交流的最古老的方式之一，是全人类都懂的一种表情。笑声，就像间谍们发送的电码，需要特殊的密码才能解读出它所代表的真正意义。那么，不同的笑容又揭示了怎样不同的性格特征呢?

我们先作一个心理测验：

有一个小朋友，他在上语文课时，突然很想上厕所，便举手和老师说：“老师，我要大便！”老师非常生气地说：“不可以用这么粗俗的字眼，不准去！”就命令他坐回去，可是那名小朋友还是憋不住，只好又举手说：“老师，我的屁股想吐！”

看到这里，你会怎样笑起来呢？

A. 呵呵冷笑或是干笑

B. 遮住嘴巴笑

C. 嘴巴张得大大的，毫不掩饰地笑

D. 想憋又憋不住，扑哧笑了出来

测试结果：

A. 呵呵冷笑或是干笑

你很有心机，总可以自由地操纵别人，以达成目的；你无时无刻不在观察别人，是个厉害的狠角色；你还经常看不起别人，时常贬低别人来抬高自己，身边不会有很多朋友。心机指数 90%。

B. 遮住嘴巴笑

你是那种宁愿自己生闷气，也不会轻易透露心中想法的人，你总是紧闭心灵，却又渴望别人能主动了解自己，为人有点现实且有点固执，一旦下定决心做某件事，就会坚持到底，别人说什么都不能改变你的决定。心机指数 70%。

C. 嘴巴张得大大的，毫不掩饰地笑

你是一个敢于担当的人，遇到难处总能挺身而出，并能设法解决；你很有自己的主见，说做就做，做事从不拖延。你待人通常两极化，不是极好就是极坏，因为你是个疾恶如仇的人，很少和自己讨厌的人来往。心机指数 40%。

D. 想憋又憋不住，扑哧笑了出来

你是一个心地善良的人，当他人有困难，你可以不吝惜地为他分忧，但是你也是最常忽视自我需求的那个人，可能为了别人而牺牲自己。心机指数 60%。

通过上面的心理测试，我们可以看出不同的笑容代表了不同的性格。

我们要善于从他人的笑容中分析这是一个具有怎样性格的人，他是不是一个值得我们真心对待的朋友，从而在与其交往时把握好分寸和尺度。

每个人都希望别人能对自己笑脸相迎，但实际上，微笑也有真有假。解读他人的笑容，第一步就是要辨别它是真笑还是假笑，笑容的真假能让你瞬间读懂正在寒暄的两人之间的真正关系，是亲密还是疏远，你甚至还可以从对方的笑容中估计出他对你的想法和态度。那么，如何辨别一个人笑容的真假?

一般而言，真实的微笑持续的时间只能在 2/3 秒到 4 秒之间；而假笑则不同，它持续的时间比较长，同时会让人感到别扭。其实，任何一种表情如果持续的时间超过 10 秒钟或 5 秒钟，大部分都可能是假的。通过计算微笑消失的时间，我们可以判断他人的笑容是否真诚。

观察对方嘴角肌肉的运动方向，我们就可以看出此人是真诚地笑还是虚情假意地笑。真笑时，嘴角会向眼睛方向上扬；若是假笑或“应付”的笑，嘴角会被拉向耳朵方向，嘴唇会形成长椭圆形，笑者的眼中也不会透露一丝情感。

笑容揭示的秘密很多，我们不仅可以根据笑容判断对方的性格特征，还可以根据笑容的变化看穿对方的心思，根据笑容判断对方是不是一个真诚的人。千万不要以为自己可以把真正的心思隐藏在笑容底下，有时候，恰恰是笑容让人看清了你。

窥探眼神传递的秘密

眼神是心灵之窗，心灵是眼神之源，在眼球后方感光灵敏的角膜含有 1.37 亿个感光细胞。这些感光细胞在任何时间均可同时处理 150 万个信息。

这说明，即使是一瞬即逝的眼神，也能发射出千万个信息，表达丰富的情感和意向，泄露心底深处的秘密。

孟子认为，观察人的眼睛，可以知道人的善恶。他说："存乎人者，莫良于眸子，眸子不能掩其恶，胸中正，则眸子瞭焉，胸中不正，则眸子眊焉，听其言也观其眸子，人焉廋哉。"这说明，人的心底是善是恶，都能从无法掩盖的眼神里显示出来。

眼神传递的心理，在两性关系上尤为突出。古时候，当两性相爱时，曾有"心许目成""暗送秋波"之词，来表达他们的情花爱果。当今，使用的词语更丰富，比如"眉来眼去""含情脉脉""眉目传情""一见钟情"等。因此，眼神虽不是有声语言，却恰似有千言万语的随心传播。正如古罗马诗人奥维特所说："沉默的眼光中，常有声音和话语。"

夫妻间心照不宣的眼神交流，多是关心，劝告和原谅。如在招待客人时，丈夫与客人兴致勃勃地频频干杯，夫人只要用眼睛说："血压这么高，还这么贪杯。"丈夫会以乞怜的眼光表示："只此一次，下不为例。"

可见，眼睛其实会说话，通过对方的眼神，我们就能知道他在想什么。同样，在人际交往中，不同的眼神也代表不同的含义。

一旦被别人注视就将视线突然移开的人，大多自卑，有相形见拙之感；无法将视线集中在对方身上并很快收回视线的人，多半属于内向性格，不善交际；说话时，将视线集中在对方的眼部和面部，说明你在认真倾听，是对对方尊重和理解的表现；只注意自己手中的活计，不看对方说话，是怠慢、冷淡、心不在焉的流露。

仰视对方，是尊敬和信任之意；俯视他人，是有意保持自己的尊严；伴着微笑而注视对方，是融洽的会意；皱眉注视他人，是担忧和同情；面无悦色的斜视，是一种鄙意；看完对方突然一笑，是一种讥讽；突然圆眼瞪人，是一种警告或制止；从头到脚地巡察别人，是一种审视。

另外，眼睛的清浊如何，也能折射出人的心理活动特征。经常表现为睡眼惺忪的人，看起来就是一副傻相；而表现为眼睛雪亮，目光炯炯的人，自然显得聪明伶俐。

人际交往中，如何做到见面打招呼就能让对方从你的眼神中读出微笑？可以试用这个方法：打招呼之前，先用眼睛静静地看对方 1 秒钟，将对方的面容印入脑中，然后从眼睛开始，让亲切和温暖的笑容从眼部表现出来，再慢慢扩散到整个脸上。1 秒钟的目光停留，是为了给对方一个尊重的礼遇和专有的笑容，容易让对方留下深刻的印象和好感。

每个人的眼神都会根据主人心理活动的不同而有散有聚，有动有静，有阴沉，有呆滞，有下垂，有上扬，透过人的视线，我们更能窥探出他人的内心活动。

捕捉微表情的本质

微表情，是内心的流露与掩饰，是心理学名词。人们通过做一些表情把内心感受表达给对方看，在人们做的不同表情之间，或是某个表情里，脸部会“泄露”出其他信息。“微表情”最短可持续 1/25 秒，虽然一个下意识的表情可能只持续一瞬间，但它最容易暴露内心真正的情绪。

宋博和曾雄是好朋友，也是大学同学。在一次同学聚会上，有一位同学高兴地告诉大家他的两个孩子都找到了不错的工作。所有人都纷纷对他表示祝贺，真心地替他感到高兴。

后来，曾雄悄悄地对宋博说：“他一定是在说谎。”

宋博不解地问：“为什么这样说？他看上去那么高兴，应该是真的吧？”

曾雄说："他表面上是很高兴，但那是装出来的，你仔细观察他的微表情就知道了，他刚才露出了一刹那犹豫、迟疑的神情。"

后来宋博碰见那位同学的妻子，他的妻子悄悄告诉宋博自己两个孩子的工作都不太理想，只能勉强过日子，希望宋博能帮孩子想想办法。她老公是个好面子的人，拉不下脸来求人。

同学的妻子走后，宋博心想：看人真的不能看表面，还要时刻注意微表情啊！

宋博这位同学的微表情泄露了他内心真正的想法，但大部分人都没有察觉到，都相信他讲的话是真的。"微表情"一闪而过，通常甚至连清醒的做表情的人和观察者都察觉不到。研究表明，只有10%的人具备察觉微表情的能力。

售货员的笑容里可能闪过一毫秒轻蔑的嗤笑，停车场里表情严峻向你走来的人可能会突然闪现恐惧的表情。比起人们有意识做出的表情，"微表情"更能体现人们真实的感受和动机，善于捕捉其中微表情的人，总能透过现象看本质。

微表情通常只是一刹那的心理流露，通常会淹没在他人的表情当中，但有时即使忽视了，我们的大脑也仍会受其影响，改变我们对别人表情的理解。所以，如果某人很自然地表现"高兴"的表情，且其中不含有"微表情"，我们就能断定这人是高兴的。但是如果你发现其间有"嗤笑"的"微表情"闪现，就算你没有刻意去察觉，你也更倾向于认为这张"高兴"的面孔是"狡猾的"或"不可信的"。

在日常生活中，如果我们错误地理解"微表情"的含义，就会对交流对象形成错误的判断，增加人们之间的隔阂。如果理解了"微表情"，我们就能够从一闪而过表情信号里发现有价值的信息。我们要善于发现微表情，更要正确理解微表情。

人类主要拥有至少七种微表情，每种微表情都有特定的表现：

高兴：嘴角翘起，面颊上抬起皱，眼睑收缩，眼睛尾部形成“鱼尾纹”。

伤心：眼睛不自觉地眯起，眉毛收紧，嘴角下拉，下巴抬起或收紧。

害怕：嘴巴和眼睛张开，眉毛上扬，鼻孔张大。

愤怒：眉毛下垂，前额紧皱，眼睑和嘴唇紧张。

厌恶：嗤鼻，上嘴唇上抬，眉毛下垂，眯眼。

惊讶：下颚下垂，嘴唇和嘴巴放松，眼睛张大，眼睑和眉毛微抬。

轻蔑：嘴角一侧抬起，作讥笑或得意笑状。

无表情是最可怕的表情

陆林和梁静刚结婚时家里一贫如洗，但两个感情很好，共同为这个家一起努力。后来，生活渐渐好了，两个人的感情却出现了危机。

陆林整日在外面应酬，经常半夜醉醺醺地回家，起初，梁静总为这事和他吵架，每次两人都各执一词，互不谦让。每次吵过之后，两个人坚持几天也就和好了。可是，随着吵架次数的增加，这好像成了家常便饭，陆林和梁静谁也不愿再理睬对方。

但这也不是办法，陆林和梁静还要面对家人和朋友，当别人在场的时候，他们的关系就显得很恩爱，而一旦只有他们独处时，家里则静悄悄的，两人互不打扰。

随着彼此间的不调和发展到极端，他们每次见了对方都是一副没有任何表情的样子。这样过了不久，两个人就办了离婚手续。

一位心理专家分析，当一个人没有任何表情的时候，并不说明这个人内心没有任何的情绪。有时候，没有表情是最可怕的表情，它往往代表着错综复杂的心绪，这种心情一旦爆发出来，就会引起不堪设想的后果。

人类的心理活动很微妙，这种微妙常常会从表情里流露出来，但有些人不愿意让别人看出这些内心活动，因为在事情没有定论或自己还没有作出决定之前，过多地流露自己的表情只会给他们带来负面影响。所以，很多时候，从表面上看，我们看不出任何表情，也无法掌控他们内心真正的想法。

在当代社会文明礼仪中，我们每个人都会戴着一张“面具”，我们需要用这张面具保护自己。例如，你在单位受到了领导不公平的指责，你很有可能是以一张毫无表情的脸面对领导，领导从你的表情看不出你任何的真实想法。实际上，你现在心中十分愤怒，已经在为自己的去留作打算。当你深思熟虑之后递交辞呈时，领导还没有摸清状况，因为你之前没有表露任何的蛛丝马迹。

一张毫无表情的面具其实是一种自我保护的手段。没有人愿意把内心活动完全暴露出来，每个人都或多或少地需要自己的“隐私”。某些人在某些场合很担心自己的心理动态被察觉，于是极力隐藏内心活动，表情和内心形成鲜明对比，令他人无法从表情看透其真实感情。

很多人都刻意地训练自己面无表情的神态，以使他人无法从自己的表情中看出任何真实的想法，在他们眼中，这是一种自我保护的手段。所谓“知己知彼，百战不殆”，如果任何人都能轻易地从你的表情中看出你的想法，那你肯定会处于被动地位，如果别人不明白你的意图，那他们至少还会琢磨一段时间，这能为你赢得先机。

人类面对任何事，无论大小，都会有一些心灵上的触动。倘若一个人面对任何事都没有表情，那这个人一定是一个城府很深的人。和这样的人交往，你要加倍小心，千万别落得他把你卖了你还在为他数钱的境地。

同时，面对没有表情的人，我们也要试图从他的手势、脚部动作等细微的地方探寻他真正的想法，及时解除他的心结，以免将来造成无可挽回的损失。

看透约会表情后的心理

约会对每个恋爱中的人来说都是最浪漫的事情，是心里感觉最幸福的时刻。约会中的痴男怨女，总是试图从他人的表情中看出自己在对方心目中的地位，从而得到心理上的满足。

根据约会时的表情，我们可以窥探对方的心理，为爱情的分数多提供一些参考。

类型一：彬彬有礼型

这种人嘴角始终挂着微笑，总是一副在认真听你讲话的表情，极具亲和力。

分析：

无论男人或女人，约会时显露出这种表情都会给人留下成熟稳重、富有内涵的印象，是讨人欢心的类型。不过，这种人总是极力掩饰自己的真正想法与感受，他们像蜗牛一样背着重重的壳，总是对爱情采取一种观望态度，别人很难走进他的内心。和他约会的对象千万不可掉以轻心，因为这种表情并不说明他对你也有好感，有可能他接人待物一向如此。

类型二：全神贯注型

他的表情像太阳一般热情灿烂，眉飞色舞，手舞足蹈，言语幽默，滔滔不绝。

分析：

一见面他就表现出如此的热情，无疑他对你产生了浓烈的兴趣，于是极力表现他的魅力，希望能引起你的注意。和这种人约会，你时时刻刻都会有惊喜，并能享受浪漫的情调。不过这种人的爱情通常来得快去得也快，他们总能自由地出入爱情中的角色。如果你的约会对象是这种类型的人，那你要时刻保持警惕，并设法让爱情保鲜，不断寻求刺激，否则你会很快对他失去吸引力。

类型三：紧张兮兮型

满脸通红，并流露出紧张的神情，低着头不敢正眼瞧你，握紧双手，说话还有些“口吃”，身子微微颤抖，不停玩弄手边的小东西。

分析：

这其实是一种很可爱的表情，说明对方已经被你深深地吸引，想和你进一步发展。但是由于太在乎，表情反而变得不自然。这种人一旦喜欢上一个人，就会很认真地对待这份感情，时时刻刻将你记挂在心上，并珍爱你一辈子，是比较理想的恋爱对象。

类型四：不拘小节型

和你在一起很自然，表情没有一点涟漪，就好像和老朋友在一起一样。

分析：

初次见面就有如此的表现，说明对方对你并没有爱的欲望，只是单纯把你当朋友看待。如果你的约会对象是此种类型，那你对他的爱情最好就到此为止，否则很容易陷入单恋的牢笼。

类型五：冷静严肃型

表情镇定自若，抿嘴皱眉，双眼紧紧跟随着你，关注着你的一举一动，像是要把你从外到里看个透彻。

分析：

这种人通常对爱情保持一种警惕的状态，在对你没有充分的了解之前，会与你保持距离，思考是不是进一步和你发展下去，这种人不会轻易付出真心。和这样的人约会会很累，对着这样一张脸，你看不透他的心思，总是不停地揣测，劳心劳神。

类型六：眼神飘忽型

他的眼神恍惚，有点坐不住，常常会四处张望，与你说话也是有一茬没一茬，反应迟钝，时而看看手表，时而玩弄手机，给人“身在曹营心在汉”的感觉。

分析：

在约会时他如此心不在焉，只能说明他对此次约会根本提不起兴趣，无心谈情说爱，只想着能赶快结束约会，逃离现场，摆脱尴尬的境地。对这样一个随时想逃跑的人，既然无法忍受，何不随了他的心愿，尽早结束此次约会呢！

第六章　语言语势传递心底声音

人的一字、一句皆由心生，喉咙发出的每一个音符，皆由心出。把握一言一语，就能听到他人心底的声音，掌控他人的点点心思。将耳朵竖起来，将人心听得真切，以便自己在纷繁复杂的世界中找准定位，坚定立场，然后昂首挺胸、大步流星地走好自己人生路上的每一步。

谈话内容和性格相符

一个人的性格可以直接反映在他说话的内容上。当一个人说话的内容和你的性格相符时，你会不由自主地喜欢这个人，恨不得天天和这个人在一起；但如有这个人和你谈话的内容让你厌恶，那就是他的话刺激了你性格上某根脆弱的神经，令你对他产生一种厌恶的情绪，甚至看到他就头疼。人和人的交谈，实际上就是性格和性格的相互碰撞，有的碰撞出了火花，有的却把对方撞得遍体鳞伤。

有一位秀才连续三年参加科举考试才得了一个山西某县县令的职位，到任的第二天，他去拜见太尉，但一时想不出该说些什么话。

沉默了一会儿，他忽然问道："大人贵姓？"这位太尉大吃了一惊，勉强说了自己的姓。

秀才又没话说了，低头想了很久，说："大人的姓，百家姓中没有。"

太尉更加奇怪，说："难道你不知道我是旗人吗？"

秀才又站起来，问："大人是哪一旗的人啊？"

太尉说："正红旗。"

秀才说："正黄旗最好，大人为什么不在正红旗？"

太尉勃然大怒，大喊道："请问你是哪一省的人啊？"

秀才答道："安徽省。"

太尉说："广东省最好，你怎么不生在广东呢？"

秀才大吃了一惊，这时才发现太尉的脸已经气得发青了，就赶紧告辞回家了。第二天，上司便命令他回安徽，担任教书工作。

临走时，秀才到太尉那告别，太尉说道："从我们上次的谈话，我就知道你是一个为人老实，性格木讷，又不懂得变通的人，你这样的性格根本就不适合官场。教书环境单纯，对你来说应该是不错的选择。"

没有什么比一个人的说话内容更能体现出他的性格了，秀才短短几句话，就将自己的缺点暴露无遗，也为自己招来了厄运。

说话内容总是围绕自己的人性格比较外向，为人忠厚。他们的感情色彩鲜明而强烈，主观意识比较浓，只不过有时有虚荣心强之嫌。在他们的内心深处，渴望对方能够关注自己，了解自己，从而让自己成为公众焦点。

我们总会碰到一些喜欢谈论他人是非的人，这种人其实是很危险的。他们经常对他人评头论足，但他这样做的目的很有可能是贬低对方，或试探你的口风。长舌之人从来都没有什么好下场，如果有人在你面前嚼舌根，你最好不要对他人妄加指责，最好将话题岔开，免得一句话说错了得罪了人。

"这栋豪宅好气派，值大价钱啊"，"今晚的菜，一桌肯定不会便宜的"。有些人的话题总是围绕着金钱打转，其实，这类人内心隐隐潜伏着不安全感。受这种不安全感的驱使，他们把赚钱作为自己人生的唯一梦想，即使积累再多的财富，他也不能满足。

说话拖拖拉拉，废话连篇的人，多比较软弱，责任心不强，遇事易推脱逃避，胆子比较小，心胸也不够开阔，婆婆妈妈，整天在一些鸡毛蒜皮的小事上面纠缠不清。虽然对现实的状况有诸多不满，但缺乏开拓进取精神，并不会寻求改变，只是在等待。

说话非常简洁的人，性格多豪爽、开朗、大方、行事相当干脆和果断，凡事说到做到，拿得起放得下，从来不犹犹豫豫，拖泥带水，非常有魄力，开拓精神可嘉，有敢为天下先的胆量。

有人在谈话中总是把话题扯得很远，或者不断地转变话题，这说明他思想不够集中，而且缺少必要的宽容、尊重、体谅和忍耐。

说话方式就是真实性格

公司有一位同事，上班经常迟到。有一天，这位同事又迟到了，还恰巧被主管碰了个正着。主管很生气，在全公司同事面前大肆批评了他。

事后，这位同事很气愤，偷偷地和同事抱怨，说："我知道自己迟到不对，可他也应该委婉一点说啊，这让我在同事面前多没面子啊！"

有人安慰这位同事说："咱们主管的性子就是直，他虽然批评了你，可过后什么都忘了，也不会给你穿小鞋。像我同学他们公司的领导，平时什么都不说，可不一定哪天就把谁开除了，这种人最狡诈了。"

同事想想，觉得也是这么回事，也就释然了。

《论语·公冶长》中说，"听其言观其行"，一个人的性格，往往从他说话的方式中就可以看出十之八九。

人们说话的方式大致可分为三种：直来直去地说、旁敲侧击地说与拐弯抹角地说。

"直来直去地说"就是心里想什么就说什么，对要说的内容，不分详略，不管真假，直接说出来。在现实社会里，总是直来直去说话的人会被认为"性子太直"，一般不太受世人欢迎，且容易"祸从口出"，给人给己带来麻烦。

但直言快语往往体现人的直率和真诚，其人多半可靠，本质上值得信赖。

“旁敲侧击地说”就是有话不直说，打着比方说。总是通过说熟悉的东西或道理使陌生的东西或道理变得生动形象、具体可感，引发人的联想与想象，使人印象更深刻。

有时候，这种说话的方式是一种投机取巧，对想说什么却又说不清楚的东西，使用这种方式往往能蒙混过关。譬如，当说人生说不清楚时，就以一句“人生如戏”来解围。经常采用这种方式说话的人一般富有心计，惯于琢磨，常为自己留下退路，应当小心与之交往。

“拐弯抹角地说”就是想说什么却不直接说出什么，而是十分含蓄地说。譬如，见人酒醉，不便直说，于是说两句“今日的酒看起来是买多了”或者“今天买来的酒的度数恐怕高了一些”之类的话。以这种方式说出的话，有时固然显得比较含蓄，让人感觉颇为温文尔雅，但更多的时候则让人感到说话的人含沙射影，阳奉阴违，酸味十足，阴险难缠。

此外，通过说话的速度、语气也能洞悉他人的性格。

大声讲话的人性格活泼，讲话不虚假，人品正直。这种人兼具领导力及责任感，是值得信赖的人。

小声讲话的人若不是气度小，就是善于谋略，做事总是小心翼翼，甚至有点神经质，绝不会对人流露真心。

讲话频频抖动的人精神上经常处于焦虑不安的状态，个性急躁，花钱大手大脚又不懂得赚钱。

讲话口气像发怒的人心胸狭小，性格内向。这种人自卑感强，没有社交性，笨拙不中用，但本性正直。

经常中断他人讲话的人容易生气，但反应快，常常因为武断而造成判断失误，不能体贴对方，是轻率、自私的人。

有人说，说话方式比说话内容更重要，一种恰当的说话方式可以使别人认同你，起到事半功倍的效果。而若使用不恰当的说话方式，即使你说话的内容无可挑剔，他人也会因为你说话的方式排斥你，这时候就会事倍功半。

无意的话最能代表心意

有一次，赵勇无意中在单位听同事谈起自己。谈话中，同事认为赵勇是一个极其追求完美的人，什么事都要求做到最好，有时甚至达到了吹毛求疵的地步。

听到这样的评论，赵勇不禁问自己："我真的是这样的人吗？"

晚上在饭桌上，赵勇和妻子讲了这件事，然后愤愤不平地说："他们这根本就是瞎说嘛，我哪是这样的人？"

这时，女儿小雪忍不住插嘴了："你同事说得很对啊，记得有一次我把一张考了95分的试卷给你看，本来我的成绩已经很好了，可是你却说，'这题怎么会答错？这么简单的题目你都不会！'"

"还有小学五年级时我参加了学校的朗诵比赛，得了第二名。比赛结束后，我欣喜地跑向你，没想到你却黑着脸对我说：'你看人家获一等奖的那个小朋友，声音多甜美，表情多自然，比你好多了！你呀，真让我失望！'"

"我都表现那么好了，可到你对我却只有批评，没有夸奖，总是希望我做到最好，你说你不是追求完美是什么？"

"我那些话只是随便说说，不能当真。"赵勇还为自己强辩。

小雪更加不服气了："我们老师说，随便说的话才最能说明人的心思呢！"

听女儿这样说，赵勇也沉默了。的确，随意的话最能说明人的心理了，冷静下来想想，自己可能真的是一个追求完美，甚至有点吹毛求疵的人吧！

从赵勇对女儿随口说出的那些话，我们确实能判断他的性格真如同事所言。专家表示，人类内心真实的心声已经淹没在了错综复杂的社会关系当中，每个人说的话都虚虚实实、真假难辨，在人类所有的语言表达当中，随意说出的话最能反映内心的真实想法。

人类总会在无意中脱口而出一些话，并认为这些话只是情绪一时失控的表现，是与自己的真实想法相悖的。但实际上，有些事发生的时候，人类总是用道德和价值观的标准说服自己要怎样想，应该怎样想，在理智和主观心理的天平上，有时会不明白自己内心深处真正的想法是什么。

实际上，随意说出的话，通常都是心理状况直接反映到大脑的真实写照，这些话是在无意识中说出的，看似不能说明什么，其实正是内心潜意识的直接表现，是宣泄心中愁绪的一个重要渠道。

杨霞和好朋友李曼吵架了，当时杨霞很生气，发誓不再过问李曼任何的事情。后来，杨霞就和其他同学一起去上体育课了，只有李曼一个人因为心情不好待在了教室。

体育课后，有一位同学说自己的手表被人偷了，大家开始传言是李曼偷的，因为上体育课时只有李曼一个人在教室。听到同学这样说，杨霞想都没想，冲同学大声喊道："不是李曼偷的，她根本就不是这样的人！"

话说出后，杨霞自己也吓了一跳，因为她刚刚才发誓不再管李曼的事，而且她并不能百分百确定手表不是李曼偷的。

后来，那位丢手表的同学突然想起自己的手表是忘在洗手间了。

所谓言由心生，杨霞打心底里相信李曼的人品，所以才会不由自主地说出那些话。虽然她告诉自己不再管李曼的事，但那句脱口而出的话恰好暴露了她真正的心思：只要李曼有事，她还是会管的。

当我们搞不清楚自己的真实想法时，就很容易犯错，伤害他人，也伤害自己。这时，不妨听听自己在无意中说出了什么意想不到的话，并认真思考其背后隐含的深意。

别样音色，别样性格

西晋时，有一位智者叫王湛，他从小沉默寡言，家族中的人都认为他智力有问题。父亲去世后，他为父亲守丧三年。丧期满了之后，就一直居住在父亲的坟墓旁。

他的侄子王济才华横溢，风姿英爽，被晋武帝司马炎选为女婿，与常山公主成婚。王济每次祭扫祖坟时，从不去看望叔父，偶然见一面，也只不过说几句客套话罢了。

有一次，王济在爷爷的坟前遇到了王湛，就礼貌性地问了一下他的近况，没想到王湛回答时措辞、音调适当，音色温顺平畅。王济大吃一惊，不禁对叔父刮目相看，并继续与他深谈。

在此之前，王济对王湛没有一点子侄和长辈间应有的礼貌，但自从和他深入交谈之后，不禁顿生敬畏，并主动留下来与他日夜探讨。

有一次，王济听了叔父的谈话后，不禁长长地叹了一口气，说："家里有名士，三十年来却不知道！"王济虽然才华出众，性格豪爽，但在叔父面前，只有自叹不如。

从前，晋武帝见到王济的时候，常常拿王湛当作取笑的笑柄，问他："你家里那位傻子叔父死了没有？"王济往往无辞答对。这一回，他对叔父有了认识，当武帝又像过去那样问起时，他便说："臣的叔父并不傻。"接着，就如实地讲了王湛的优点。武帝问："可以和谁相比？"王济说："在山涛之下，魏舒之上。"

经王济这一番广告宣传，王湛的名声一天天地大了起来，他开始步入政界，终为人所知。

王湛的音色属温顺平畅型，这种人说话速度慢，语气平和，性格温顺，对外界人事采取一种逃避态度。如果他能遇上一个肯提携他的人，从旁帮他一把，教导他磨炼胆气，知难而进，那么，他就会成为一个能刚能柔的人物，会有一番大作为，令人刮目相看。王济就是通过叔父的音色判定叔父并非一般人，才和他深入交谈，认定叔父是有大才的人。不同的人，拥有不同的音色，通过音色，我们可以判断对方的性格，甚至才华、学识。

音色，是指声音的感觉特性，简单地说，就是声音的特色。音色的特质取决于音调的高低和响度的大小，而音调的高低决定于发声体振动的频率，响度的大小决定于发声体振动的振幅。不同的发声体由于材料、结构的不同，发出声音的音色也会不同。

音色铿锵有力的人说话往往速度很快，但言语流畅，声音的顿挫富于变化，并且能言善辩，凡是他们想到的事情，就会毫不考虑地说出来。他们与人交谈时，为了让别人更加关注他们，还会在说话时把声调抬高。

音色低沉的人说话节奏十分缓慢，平铺直叙，很少会表现出抑扬顿挫的声调变化，与人交谈时会保持一定的语气与异常冷静的态度。这类人多半是善于言谈的内向型的人，处事清晰明朗，会给人一种考虑很周到和用词很恰当的感觉。这类人对他人的防范心非常强烈，并且认为对方没必要知道多余的事情。

音色激荡回旋的人好奇心强，有独特的思维能力，敢于向传统挑战，敢于向权威说“不”。他们对事业的开拓性强，经常有些奇思妙想，令人赞叹。他们的缺点是不能冷静思考，难以被世人理解，最终成为孤胆英雄。

音色平稳的人善于思考，做事执着，一旦认定什么事就会毫不犹豫地去做；音色虚软的人很有心计，城府很深，十分阴险，没有气度；音色轻快的人敏感，有着较好的直觉力和想象，很容易受到伤害。

道破口头禅的玄机

一位知名人类行为学家曾说：“人类有两种表情，一种是脸上所呈现的表情，另一种是说话时传达给对方的信息。”语言是人类的第二表情，而语库中使用率和重复率较高的口头禅，具有某种心理投射功能，在一定程度上揭示了说话者的内心世界。

李岩为人活络，左右逢源，是办公室的开心果，尤其他那句“还不错嘛”的口头禅，经常在节奏紧张的职场中显示出化腐朽为神奇的力量。

那天，同事赵艳气喘吁吁地冲进办公室，丢下包，一屁股坐下，拿着手中的考勤卡边扇风边抱怨：“没见过这么倒霉的司机，今天我都比平时早 5 分钟出门，结果那个司机赶上了所有的红灯，害得我下车一阵猛跑，8:58 打的卡，多悬啊！”

“还不错嘛！”李岩的口头禅又冒了出来，“还不错，没迟到，那位司机特地为你算好了时间，不是还富裕 2 分钟嘛！”

一席话说得赵艳笑了起来，“嗯，就当跑步减肥了。”

李岩的这句“还不错嘛”的口头禅一天要说好多遍，遇到高兴的事，无疑是锦上添花，遇到烦心的事，李岩的口头禅外加他那宽容、客观的劝解，无疑又是雪中送炭，怪不得李岩在办公室中那么受欢迎呢。

“真没劲”“烦死了”“有没有搞错”……日常生活中，这些口头禅时常灌进我们的耳朵，我们也经常通过一个人的口头禅分析他的性格。那么，你经常使用的口头禅是什么？它又揭示了你哪些性格呢？

下面就来看一下，常见的一些口头禅究竟意味着什么。

1.“听说”据说“听人说”

所以用此类口头语，是希望给自己留有余地，这种人虽见识广，决断力却不够。处事圆滑的人，易用此类语，在办事过程中，他们会时刻为自己准备着台阶。

2.“说真的”老实说“的确”“不骗你”

这种人总是担心自己会被对方误解，性格有些急躁，内心常有不平。他十分在意对方对自己所陈述事件的评价，总是一再强调自己说话内容的真实性，希望自己在团体中可以被认可，并得到很多朋友的支持和信赖。

3.“啊、呀、这个、这个、嗯、嗯”

词汇少，或是思维慢的人，在说话时常利用这些词作为间歇的方法，久而久之，就成了口头禅。因此，使用这种口头语的人通常反应较迟钝，不过，也有些骄傲的公务员常用这种口头语。

4.“我晕”

这种人通常活泼，坦诚，不隐讳个人感情，但容易意气用事。一句“我晕”，将所有的人和事一视同仁，等量齐观，所以，他善于从广度上发现问题，但不擅长从深度上思考问题。

5.“凑合着吧”“没劲透了”“活着真没意思”

一看便知，这类口头禅肯定会将消极情绪传染给他人，长此以往，会让使用者在社会生活中成为不受欢迎的人。

6.“你先听我说”

这种人非常在意自己的看法，一个“先”字，表露出他担心对方误解自己的心理。他在沟通中经常将别人打断，或不让对方说话，性格有些急躁，内心常有不平。

口头禅反映了人们的一种情绪，是人在当时的一种心态，能够间接反映一个人的性格。口头禅作为下意识的表现，可以帮助我们去认识一个人。

总之，别小看了简单的几句口头禅，家长关心孩子的口头禅，企业领导倾听下属的口头禅，朋友、同事间重视口头禅，能发现各种口头禅背后隐藏着的心理问题，以小见大，对心理问题及早干预解决。

听出“弦外之音”的音

有一个书生，连续三年科考都没有考中，全靠妻子平日里刺绣维持生计。

一日，一个许久没见的同窗登门拜访，书生念及两人的同窗之谊，留他在家小住几日，并好酒好菜地招待着。渐渐地，家中的酒菜快吃光了，钱也用光了，可那位同窗却丝毫没有打道回府的意思。

书生的妻子对书生说：“都没吃的了，你快想想办法啊！”书生无奈地回答：“他不走，我总不能请他自己离开吧！”妻子说：“不管你怎么做，反正已经没米下锅，没菜可吃了，你再不解决，我们三个人就一起饿死好了！”妻子越说越气，说完之后，拂袖而去，留下不知该如何是好的书生。

隔天，吃完饭后，书生陪着同窗聊天，并看看窗外的景致，对他说：“你远道而来，这几天我都没有准备什么丰富的菜肴招待你，真是不好意思！”

“别这么说，我觉得一切都很好，不但你和嫂子款待周到，而且吃得好，睡得好，感激不尽呢！”

“看，窗外树上有一只鸟呢，以前见过吗？”

“看到了。怎么啦？”

“我等一下准备抓那只鸟来煮，晚上我们喝酒时，才有下酒菜呀，你觉得如何？”

同窗立刻领会了书生的意思，第二天，就谢别书生离开了。

中国人说话的特点是含蓄，要表达什么意图从来都不会直说，而是迂回委婉地讲出。听话人需要细心领悟与揣摩，如果不能听出“弦外之音”，一般会被视为智力低下的愚蠢之人。中国人语言的精深，全在“弦外之音”上。

人际交往中，要听出他人的弦外之音，一些常用的字句可以让你有根可寻。如果有人在讲话时用“坦白说”“说真的”“老实说”这些字眼，通常表示说话的人本身并没有自己声称得那么坦白、那么真诚和老实。聪明的女人一听这些话就能解读这些字眼背后所代表的意义，并且能够通过“直觉反应”了解对方正在试图欺骗自己。

“只”这个字在谈话中表示强调，但实际上，说这些话的人其实是在减缓自身的罪恶感，或者把不愉快的结果可能招致的指责撇开。“我只需要你5分钟的时间”，这句话暗示着对方其实是要占用你超过5分钟的时间；“我只不过是个平凡人”，那些捅了娄子却不愿意负责任的人经常会以此为自己的行为辩解。

一般说来，一个人的感情或意见，都会在说话方式里表现得清清楚楚，只要仔细揣摩，对方的真正意图就能从帘幕后逐渐透露出来。当某人的说话速度比平时慢时，表示他心中有不满的情绪，或对你怀有敌意；相反，如果一个人有愧于心或者在说谎时，说话的速度自然而然就会快起来。对于一些不便明说的话题，如果对方不假思索就回答了你，那他的话可信度就比较高；但如果你的询问使对方犹豫或陷入思考的境地，则说明你已经说出了对方的心里话，他正为要说违心之论而陷入小小的心理矛盾当中。

当对方谈话的语气突然改变时，当对方的个别音调加重时，当对方故意做出暗示性的肢体动作或特殊表情时，当对方突然停止谈话时，你就要特别留心了，因为对方很有可能是话中有话，心存别的意图。懂得听弦外之音的人，能够抓住对方的心理，让谈话按照有利于自己的方向发展，如若不然，则可能会被对方蒙蔽，被人玩弄于鼓掌之中。

看穿谎言免受欺骗

骗子是对说谎者的称呼，倘若一个人被印上了骗子的商标，那他在生活中会没有朋友，在工作中会没有合作伙伴，成为他人打压、排挤的对象。

尽管如此，我们还是会随时随地看到骗子。那我们怎样才能分辨一个人是不是撒谎，使自己免受谎言的欺骗呢？

纽贝蕊曾做过三十年的联邦干员和五年的警员，这些工作经验使他成为判断一个人是否在撒谎的高手。他说：“要判断一个人是否说谎，先看他们所叙述的是否符合逻辑。”

若有一个枪击事件的目击证人宣称，她听到枪声后，不敢看只是慌张跑走，那这个人肯定是在说谎。因为当听到杂音时，人的正常反应是向声音发出来的地方望去，而不是直接逃走。任何谎言都有漏洞，通过逻辑分析，我们可以判断一个人是否在撒谎。

金山大学心理教授玛琳·苏立文说：“不诚实的人总是改变自己的行为，这是一个重要的指标。你要特别注意平时很焦虑但现在看来很冷静，或是平时很冷静但现在看起来很焦虑的人。”当一个人的行为与平日的行为相差很大时，我们可以理直气壮地怀疑这个人所说的话的真实性。

当你跟某人说：“你去哪里呢？”而他回答说：“我去商店，我需要一些蛋、牛奶和糖，我需要走慢一点的原因是因为差点撞倒一只狗……”如果一个人在回答你的问题时夹杂了太多的细节，那他有可能是在逃避现实，正在缜密地设计着谎言。

此外，撒谎者通常还会用一些小动作掩饰内心的不安。下面我们具体分析一下：

经常摸鼻子：采用这种动作的人是为了掩饰心中的慌乱，或是希望转移对方的注意力，因为他们觉得自己的其他部位更容易暴露出自己正在说谎。

笑容比较少：每一个撒谎者都是违背自己的良心在说话，说谎时，他们会不由自主地觉得心虚，或者因为害怕谎言会被揭穿而提心吊胆。心情处在一种焦虑状态，笑容自然也就少了。

揉眼睛：用手揉眼睛这个动作有男女之分，男人会用力地揉眼睛，如果谎说得过大，他们还会把视线转向别处，较多的是看地面，也有的看周围的景致，为的是在说谎时避免目光与对方的视线接触；女人多半是轻轻摸一下眼睑的下方，她们担心把眼睛周围的妆弄花了。

东张西望：有的人比较胆小、怕事，或者根本就不会说谎，他们说谎就是在做亏心事，所以不敢正视对方的眼睛，以此来减少说谎给自己带来的煎熬。这种人通常不会说谎，他们说谎肯定是有不得已的原因，是可以原谅的。

生活中经常可以看到，说谎者说谎时会故作镇静，甚至理直气壮，其实，说谎者在撒谎时一般会出现下列表现：笑容比较少；眨眼太多；眼神接触出奇地多或少；频频耸肩；说话中带有较多停顿、假装清喉咙、中间穿插“嗯”等语气词；经常摸鼻子；频频吞咽；瞳孔膨胀；音量和声调突变等。

通过一个人的动作、神态等，我们其实可以很容易地判断出一个人是否在撒谎。不过，谎言其实分很多种，有善意的谎言，也有恶意的谎言。恶意的谎言我们当然不能原谅，但是对于善意的谎言，我们应该谅解，甚至因此而感到欣慰。

Part 3

深入接触，洞悉为人

第七章　餐桌细节，隐藏着性格秘密

人们用餐的时候有各种讲究，中餐和西餐不一样，早餐和晚餐不一样，正餐和快餐不一样，食用不同的菜式所用的工具也不一样，人们对食物的偏爱不同，用餐的习惯也不尽相同，如果你仔细观察，从这些细节之中也可以洞悉一个人的内心。

口味不一性格不一

香茗品出一个人的文人情操，咖啡喝出一个人的浪漫情怀，酸奶尝出一个人的童心童趣，可乐溢出一个人的动感气质。不同的人喜欢不同的口味，不同的口味影射出不同的人。

在生活中人们的口味各不相同，有口味重的，有口味轻的，有喜欢甜的，有喜欢酸的，有爱吃辣的，有爱吃苦的。尽管口味不同，但每个人享受的是那种自我满足的心情，在尝到一份合口的美食时，我们的心情都会为之雀跃，感受着美食在口中刺激我们的味蕾，这时堪称人生中幸福的时刻。当然，幸福感是大同小异的，只是幸福的原因不同，人们因各种不同的口味而获得自己的幸福快感，这时我们认识到了人的不同性格。

西方仅牛排的做法就有很多种，三分熟的牛排和七分熟的牛排口感自然不一样，有些人喜欢吃带血的生一点的牛排，有些人就喜欢吃相对熟些的。东方人往往不会去尝试太生的牛排。

中国人骨子里是保守的，内心蕴藏着的是几千年的文化积淀。中国的文明史源远流长，这个文明古国在形成的早期就摆脱了茹毛饮血的时代。

中国又地大物博，民族众多，东西南北文化差异较大，自古以来形成了相对完整的中国八大菜系，有川菜、鲁菜、湘菜、粤菜、苏菜、浙菜、闽菜、皖菜。这八大菜系的分类只是中国菜主要的分类，各分类下还可以细分，当然由于我国民族众多，各族人民也有他们的特色菜。

川菜讲究味道的多、广、厚，主要由七种口味组成："麻、辣、咸、甜、酸、苦、香"，最主要的就是麻辣，川菜现在流行于各个省市，许多人钟情于川菜的麻辣。鲁菜也分多种，以济南菜为典型，济南菜脆嫩、味厚、清香，做汤时清浊分明，独具特色。苏菜选料上非常严谨，口味清淡，擅长的烹饪方法有蒸、炖、焐、煨、焖、炒等。各地的菜有各地的风格，而不同地方的人如本土的菜一样，风格不同，四川人泼辣，山东人厚道，江苏人小家碧玉，广州人精打细算等，一个人的脾气品性也是受大环境影响的。

想深入了解一个人可以从细微处开始，这个人喜欢的口味可以从侧面反映出这个人的性格：如果他喜欢吃辣，一般都是性格爽朗的人；如果他喜欢甜的口味，这表明他会是个心思细腻的人；如果他喜欢吃酸，这个人难免会刻薄点；如果他喜欢吃苦，那能说明他是个坚韧的人。当然，口味不能代表这个人的全部，但可以帮助我们看出这个人的性格侧面。

很少有两个人能有完全相同的口味，就像世界上很难找到两片完全相同的叶子。每个人的性格不尽相同，而他人的身上可表现出来的每处细节都值得我们去发现，正是这些细节组成了这个人的完整性格。所以，于细微处见大气象，不一样的口味，不一样的人。

吃饭方式表现性格

一碟小菜，一壶酒，李白可以举杯邀明月；李逵却从来都是大碗喝酒大块吃肉的豪杰人物。两个截然不同的人，两种截然不同的吃饭方式，文人有文人的优雅，武夫有武夫的豪放。从个人的吃饭方式中，我们可以识别这个人性格的某些方面。

古语道："食不言，寝不语。"就是说吃饭睡觉的时候不要说话，要养成良好的饮食和就寝习惯。这主要是从养生和礼仪方面来讲的，但每天都能遵从这条警训的人一定是具有极强的耐性和自制力的。而那些吃饭总是狼吞虎咽的人一定是个急性子，这样的人肠胃一定也不是很好，他们做事往往粗枝大叶，生活上也不拘小节。

不同生活背景的人，吃饭方式也不相同。有些孩子从小就被父母教育在吃饭时要注意吃饭方式，不能给人留下不好的印象。虽然在家里吃饭不需要太多讲究，但吃饭方式作为一种生活习惯，如果不在每次的练习中保持良好的习惯的话，那么在不经意中你的坏习惯就会流露出来，所以任何细节都不能放过。

吃饭方式影响人的性格，细嚼慢咽有助于消化，消化好的人时常比消化不好的人更快乐些，我们身体的各个环节都是相互联系的。喜欢吃菜和喜欢吃肉的人不一样，不同的吃饭方式也造就不同的人。

吃中餐和吃西餐需要用不同的方式，首先中餐和西餐的工具不同。其实很难说是筷子更优雅还是刀叉更优雅。常说西餐吃的是环境，中餐吃的是味道。方式决定不了什么，但可以影响一个人的性格。喜爱中餐的现代人骨子里一定还是个传统的人、深受中国文化影响，喜爱西餐的人通常是普通人难以接触的人，他骨子里有种高傲，这种高傲并非不好，这决定了他性格的另一个层次。其次，中餐和西餐的气氛不同。西餐常常是在优雅的环境中，几个城市白领之类的人物小聚，而吃中餐时不管是环境还是人员组成都更随意一些，餐桌上也更热闹。

吃饭有许多讲究，如果是在公共场合，那讲究的地方就更多了，想要做一个被大众接受的人，就一定要懂得餐桌礼仪。如果你的吃相不雅，很容易成为别人耻笑的把柄。在餐桌上用餐时一定要温文尔雅、安静从容，不能太过急躁；一定要小口吃饭，吃下去的食物绝对不能吐出来，口里有东西时也不能说话等，虽然看起来都是小细节，但是细节决定成败，在餐桌上，一副好的吃相也是对别人的尊重和对自己的尊重。

人的性格是内在的，但是内在的性格总是通过一些外在的形式表现出来，这是必然的，一个人不能孤独地生活，他总是要接触各种各样的人，参与各种各样的活动。而吃饭是每天必需的，不管是在国内还是在国外，吃饭都是一种与人交流的场合。在这种场合下，往往能窥探一个人的内心，你的真实性格可能就在你动口的时候已经暴露给对方。所以，吃饭方式的好坏，带给你的影响可能是你想象不到的，而性格上的完美或缺陷在此一览无余。唯一的解决办法就是从每天的生活开始，养成良好的吃饭方式，提升自我的形象。

酒后吐露真性情

诗中云："抽刀断水水更流，举杯消愁愁更愁。"人们在生活压力大或者心情沮丧的时候，常常会借酒消愁，只是酒真的能消解苦闷吗？喝过酒后的一段时间内人们似乎是得到了解脱，不用再去想那些烦恼的事，但这只是暂时的，当酒醒后，还是要去面对生活。

在弗洛伊德心理学中，醉和梦是人生的两种理想状态。人在醉的状态中可以忘却一切事情，这是酒精起了作用，这种化合物使人的大脑处于一种兴奋状态，喝酒过后人的一些行为举止以及语言方面都不一定会经过大脑思考，很多人甚至不记得自己在酒后做了和说了些什么。

李白斗酒诗百篇，有数不尽的诗作是在文人骚客酒后创作的，在古代，人们常常以酒会友，而后以文会友。酒是他们灵感的来源，也是他们交流的媒介。酒让文人的才思敏捷，写出更多流芳百世的诗篇。王勃的《滕王阁序》是在文人聚餐后写出的，只可惜王勃在离开那里后就不幸早逝；再来看欧阳修的《醉翁亭记》，“醉能同其乐，醒能述以文”，太守似醉非醉中写出了流传至今的美文。

很多人在喝酒后才敢吐露自己的内心，醉酒后的人处于警戒的最低状态，酒后吐露真情是人们获得轻松解脱的一种途径，但只有酒桌上的朋友是真挚的好友时才适合你讲出自己的心里话，不然醉酒后的你依然会很压抑，或者在某种场合说错话更是难以挽回。比如，在和领导吃饭时，喝酒一定要适量，千万不能喝醉，否则在领导面前失态就不好了，这还是其次，如果你喝多了而说出什么不满的话，尽管人们会为你辩解这只是醉话，但是大家依旧会对你心存芥蒂，所谓酒后吐真言，领导必然会对你留下不好的印象，而以后你在公司的日子就不好过了。

恋爱中的人喜爱伴有红酒的烛光晚餐，几杯酒下肚后，人总会有些眩晕，借着酒精的度数，平时不敢开口的话在这个温馨浪漫的环境下也就说出来了。《杜拉拉升职记》中，杜拉拉和王伟在泰国沙滩的时候因为清醒而放弃了亲密接触的机会，而在公司舞会后，喝过酒的两个人却难以抵挡爱情的魅力，这也就体现了酒精的作用。在某些时候，相爱的两个人还是需要些催化剂的，而酒精就是最好的催化剂，但关键的是要选在恰当的时机。如果运用不好，反而会令两个人处于尴尬的位置。

倘若你真想借酒消愁，就先择一好友，然后放心地敞开心怀，喝酒过度对身体不好，但在一定程度内，还是能消解忧愁的。在这个随处有困难出现的社会，一帆风顺的人是很少的，上天很少眷顾你的时候，可以想想你的朋友。

不过，即使喝酒可能会让人吐露真情，也不乏有些人只是借着酒的名义放任自己，他吐出的也未必就是真言。所以，真话假话还是要靠你自己去分析，有些人酒后的话不用太过在意，还是认真对待清醒的人更有必要。

咖啡品出真实内心

提起咖啡，可能大多数人都会觉得很小资情调，但是社会上就是有些小资的人，和大多数人有不一样的追求和品位。咖啡，是一种文化，也是一种艺术。

关于咖啡的起源，有这样一个有趣的故事，传说有个牧羊人偶然一次发现自己的羊蹦蹦跳跳、异常兴奋，后来他发现羊是因为吃了一种红色的果子才会这样。牧羊人的好奇心驱使他将这种果子带回家煮汤，没想到煮出后的汤香气满屋，他把汤喝下去后觉得精神抖擞，从此，消息传开，这种果子就被当作醒脑提神的饮料了。

真正会喝咖啡的人会很注意咖啡的品种、产地和口感等，他们常常自己买来原装的咖啡豆，自己磨咖啡、煮咖啡，一切都是亲力亲为，做出来的咖啡待人接客或者自己品尝。

不同的咖啡有不同的口感，就像葡萄酒一样，需要你细细去品味。西方三百多年前就开始喝咖啡，发展到现在咖啡已有数十个品种，而咖啡的喝法更是数不胜数，你可以随心所欲地混合，也可以按部就班地享用。

不同的人，对咖啡的要求也是不一样的。如果只是为了平常工作提神醒脑，速溶咖啡是大家最普遍的选择。那些对生活精益求精的人，会特别重视咖啡的口感，而这种口感来自于咖啡的品质和咖啡与牛奶或者巧克力等的融合，还有煮咖啡时对时间、火候的把握，这时，他们喝咖啡更是一种享受，享受咖啡融入口中的那一刻幸福。

蓝山咖啡，是大众都比较喜欢的一个种类，它的口感香醇，苦中带着些许的甜味，又能品出点酸味，它以自身来考验你的味蕾，仔细品尝，可以感受出它独特的滋味来。喜欢蓝山咖啡的人，也是喜欢探究的人，就像探究这种咖啡混合的味道一样，探究整个人生的奥秘，这种人拥有强烈的好奇心和敏锐的感官。

拿铁咖啡，是很多女士的最爱，因为它混合了牛奶的香甜，浓浓咖啡中透着鲜奶的香气，这让人不禁心醉。它入口柔滑的特点，正适合了女性的温柔甜美的气质。

喜欢意式卡布奇诺的人一定是走在时尚前沿的人，这种咖啡混合了牛奶和巧克力的独特风味，入口既柔滑又鲜香，样式还漂亮，是时尚达人的最爱，也是年轻人的最爱。

如果你是一个传统的企业家，不妨试试曼特宁，它的口味更苦些，但正是成功人士更能体会出这种苦味的甜美。

咖啡的选择在无形中透露了你的内心，你所需要的或者想表现的都能融入你最爱的那款咖啡里。一个人喝咖啡时，可以坐在窗台旁边，端一只精美的咖啡杯，边看风景边享受这种气氛。两个人喝咖啡时，更是在享受一种浪漫的气氛，也许谁都不需要说话，只是慢慢地品尝，慢慢地等待心灵的交汇。咖啡往往适合更加温馨的小场合，精致的东西总是要小心地安静地享用。

小零食吃出大奥妙

糖果、薯片、果冻、可乐……哪个是你的最爱呢？你也许会说你从来不喜欢这些东西，那你肯定是自己在骗自己了，有人很少吃零食，但不能阻挡零食的魅力。

零食的范围其实很广，从膨化食品到水果，从坚果到饮料，只要是正餐以外的食品，都可以叫作零食。对于女孩子来说，甜品是她们最喜爱的了，可对于男孩子，他们可能更钟情于汽水。温柔甜美的女孩通常都难以抗拒冰激凌的魅力，那牛奶的香气以及入口即化的冰爽是她们夏天的最爱。喜爱运动的男孩子都喜欢随身带瓶可乐，除了能补充能量之外，还满足了他们对零食的需求。

并不是说吃零食就一定对身体不好，或者平常不能吃零食，但是一定要有度。零食也是摄取能量的一种来源，并非一无是处。比如，老年人的消化功能不太好，平时的一日三餐吃得比较少，不能满足身体正常所需，所以在三餐之外吃些健康有营养的零食也是必要的。健康零食有很多种，就在此列举一些，如葵花籽。嗑瓜子是一项老少皆宜的休闲活动，一个人或者三五个人都可以进行，而且葵花籽是很好的养颜食品。再如花生和芝麻可以预防皮肤病，胡萝卜可以明目，核桃美甲等，还有西梅、海苔、提子、枣等都是很富营养的零食。

要说从吃零食中看一个人的个性，还要从几方面来分析。

首先，看一个人的大方程度。所谓“独乐乐，不如众乐乐”，如果一个人总是心甘情愿地把自己的东西拿来与人分享，那这个人就是值得交往的人。其实这也并不是说有钱的人舍得分享就是值得交往的人，往往拿不出东西来分享的没钱的人就不值得我们去交往，这最关键的还是要看这个人的真诚程度。真诚的人不怕吃亏，有时候只有吃亏才能让人交到更多的朋友。

其次，看一个人对金钱的利用程度。有些人把零食当作生命的一部分，每天都离不开零食的陪伴，而在零食购买上也投入了不少的资金。每个人都有自己的追求，有爱收集邮票的，有爱收集橡皮的，有爱收集烟盒的，也有爱把钱花在零食上的。

再次，看一个人的开朗程度。爱吃零食的人通常都是爱说爱笑的人，这种人性格往往比较开朗，但吃零食也要有度，零食吃太多会导致肥胖，而身体越胖，这个人的日常心情可能就会越不好，这又走向了另一个极端。

最后，看一个人的健康程度。选择什么样的零食，就决定了这个人有什么样的身体。常吃水果的人比常吃膨化油炸食品的人要健康许多。

当然，零食只是人们生活的不起眼的一小部分，但我们的生活的确是由这些点点滴滴组成的，生活的每一部分都不能小觑，就像在小小的方寸之地你也会受到束缚一样，零食这小小的饮食习惯，也时刻反映着你的性格。

点菜中点出真性格

我们看一个人其实都是从这个人的各种表现去看，而想要真正认识一个人就要观察他的一举一动，最主要的就是细节的部分。就算一个人想要掩饰自己，很多细节的部分他也掩饰不掉。就拿点菜来说，我们也可以从中看出一个人的性格。

性格内向的人通常都不爱说话，或者很少主动说话，在点菜的时候他们也常常是闭口不语，他们的性格里也许还是带着些自卑的，总觉得自己有些不如人的地方，在点菜的时候就怕点错，或者点得不好让大家不满意，于是不如不点，况且这个点菜的主动权在不在自己手里对他们来说一点影响都没有。内向的人喜欢静静地等待别人来点菜，至于合不合他们的口味他们也就不那么在乎了，反正是吃饭，吃什么都无所谓，他们的性格决定了他们很少主动去追求什么，而大多时间是在被动地接受。

性格爽朗的人常常能够成为交际达人，在点菜的时候，他们会毫不犹豫地选择自己爱吃的菜或者是推荐一些比较适合这次聚会的菜品，他们喜欢实话实说，也喜欢和人交朋友。在饭桌上他们是可以调节气氛的人，这样的场合正好适合他们的发挥，在人多的时候他们完全没有畏惧，因为他们的性格让他们不觉得有什么尴尬的地方。他们喜欢按自己的想法来做事，如果得罪了别人他们也会大大方方地去道歉。

喜欢点辣菜的人大都是性格直爽的人，这类人比较容易交往，他们点菜时大大咧咧，说话办事上也是，他们能够和各种各样的人融入到一起，因为他们不觉得人与人之间的差别有多大，只要是能说上话的他们都觉得是可以相交的人。当然，他们往往也能得到很多朋友。

在点菜上挑挑拣拣的人在生活中也是比较挑剔的人，这种人也可能是比较刻薄的人，他们在与人交往中总会露出些对这种那种问题的不屑，他们的朋友必须是长期交往的朋友，因为短期和他们相交的人总是难以和他们成为朋友。他们未必都是不好交往的人，只是你需要对他们有个长时间的认识，他们本质上也是不错的。每个人都有缺点，不能因为一个人有缺点就把这个人否决了。

点菜时还有种喜欢深思熟虑的人，他们会在点菜时考虑很多才作决定，当然考虑的时间有长有短，但是这种人就属于在人际交往中比较谨慎的人，他们不管是在工作还是生活中都很谨慎，对什么事情都考虑得比较多，当然不能说考虑得多了不好，在很多时候想得多是有好处的，比如，在策划一件事的时候，必须要考虑到各方面的情况，不然就容易出现一些特别的难以处理的情况。

我们在点菜时可以看出一个人的性格，这就需要你仔细观察和分析，认识一个人就要注意各方面的细节问题。

筷子拿法体现真个性

在人们的用餐中其实有许多讲究，每个人的习惯不一样，性格也不一样，所以说从用筷子上我们也可以看出一个人的性格，虽然这只是用餐中一个不引人注意的方面，但是，这同样值得研究。

我们从小就要学筷子的拿法，但是并不是每个人拿筷子的姿势都是一样的，有些人就是按部就班地按照正确的姿势使用筷子，这些人的个性上一般都是比较规矩的人，他们做事情通常都会比较按规矩来，做事情也相对比较严谨一些，至少性格上是这样的。他们不喜欢那种性格上随便的人，因为他们不能理解这些人的想法，虽然不能说这些人是因循守旧的人，但是他们骨子里确实有些古板的思想。这种古板的思想让他们在做事时踏踏实实，也有可能太过死板，没有什么大的突破。

有些人对于拿筷子没有什么章法，他们只是按着自己喜欢的方式来拿，他们小时候肯定也被大人教过怎样拿筷子，但是他们还是我行我素，长大之后看到别人拿筷子的端正姿势，他们依然还是不屑一顾，还是觉得自己的拿法比较适合自己。这种人性格上通常是大大咧咧，做事没有什么章法，喜欢按着自己的想法来做事，不喜欢受到什么束缚。他们也是比较容易相处的人，他们不太去在意别人的细小错误，即便别人可能不小心得罪他们他们，也不会太在意。他们和比较规矩的人的区别就在于做事的态度上不一样，当然不能说做事比较随意的人做事情就做不好，做事规矩的人就能把事情做完美。在这个时代，做事规矩也未必是好事，创新才是最需要的精神。而性格上比较随意的人常常思想比较活跃，在想象力上也比较丰富，常常是创新思想的源头。

有些人对于筷子的要求比较多，可能专门喜欢用某一种筷子，这种人对生活的要求比较高，或者是对自己的要求也比较高，他们是完美主义者，总是希望自己的生活按照自己想的去过，他们对饮食比较挑剔，对朋友也比较挑剔，不是什么人都能够成为他们的朋友，他们对别人的要求也比较高。他们对生活的要求在于品质，而不是生存，即便他们物质生活上并不充裕，但是他们也尽量让自己过得开心，让生活过得有情调。这种人性格上偏内向，虽然他们一开始不好接触，但是接触时间久了，你也能够感受到他们对生活的热情。

有人喜欢在用餐时把筷子当成玩具，这种人通常在公共场合不知所措，他们性格上比较拘谨，不能够很好地处理人际关系，人际交往是他们的弱项。

我们能够从筷子上看出一个人的个性，是外向还是内向等，如果你想更深入地认识一个人，那么就从这个人表现出的细节中来观察。

烹饪方式烹出不同的性格大餐

人的性格从这个人做饭中也可以看出来，你可以先想想自己喜欢做什么，联系一下自己的性格看看是否有一些微妙的联系。

饮食是我们日常生活的一部分，烹饪讲究煎、炸、炒、焖、炖、熘、烤等，就拿煎来说，既要有耐心，又要把握好火候。我们看一个人的性格可以从这里得到启发，一个有耐心的人才会做煎或者炖的菜肴，炖也是需要花大功夫的，而且花的功夫更要多一些，通常炖需要一个人耐心地等。而煎是考验一个人能否按部就班地做完，一个人有这样的耐性，他才能做好这样的菜，如果没有耐性，即便他一时兴起做道煎或炖的菜，那么做出来也是不合胃口。有耐性的人做事会思前想后，考虑周到，这样事情做起来成功的概率就要高一些。有耐性的人，他们不管做什么都能够有条不紊，就算事情不成功，也不会给自己和别人带来麻烦。

炒菜通常都要快一些，一个习惯做炒菜的人，他的性子一定相对急一些，他喜欢越快越好，而不是享受那种烹饪的乐趣，对于做饭，这只是为了满足自己的生存要求，而不是像喜欢炖东西的人那样，觉得做饭是一种精神上的享受。这种人做事比较干净利落，不拖泥带水，不管事情是否成功，他们都能快速地解决这件事，如果不成功，他们会立即寻求新的出路。

喜欢简单安排自己饭食的人是个不拘小节的人，他们喜欢一切从简，不喜欢烦琐的东西，当然包括做饭，他们不喜欢把时间浪费在这些看似没有意义的事情上，当然这只是对他们而言没什么意义。像那些大企业家之类，他们更没有时间自己做饭，他们的时间就是金钱，而把时间浪费在这些小事上，他们觉得不值。这些人的性格往往有些孤傲，看事情的时候往往不可一世，他们有着一套自己的见解，这种世界观很难被别人所理解，他们的世界也很难被别人所掌控。

当然也有些人喜欢变着花样来烹饪，这类人总是乐观向上，他们的性格里是充满阳光的，他们对生活的热情体现在生活的点滴中，这些人乐于和别人相处，也很容易和别人成为朋友，这也离不开他们厨艺的功劳，朋友们总爱来他们这里蹭饭。

有些人天生就喜欢创新和探索，连烹饪也是，他们喜欢按着自己的想法来做饭，做出来的饭食都有自己的一套独特方法，是否好吃倒是另说，只说这类人喜欢动手、喜欢探索，他们的脾气可能时好时坏，但他们绝不是坏脾气的人，只是很多时候别人不能理解罢了。还有些人喜欢在烹饪的工具上做文章，有些人看惯了普通的锅碗瓢盆，只有造型新颖的工具才会引起他们的注意，他们是走创新之路的性格，他们觉得一餐饭在外表的包装往往能取得意想不到的效果，而且效果的体现是非常快的，在外表的带动下，气质也会随之改变。

有些人觉得烹饪要以营养为中心，他们就是典型的实用主义者，他们做事深思熟虑，也是一种喜欢按计划行事的人。通过烹饪我们可以分辨出很多不同的人，不同性格的人会选择不同的烹饪方式。

第八章　兴趣爱好，透露人性情的影子

每个人都有自己的兴趣爱好，我们这一生中不一定能时刻与我们的兴趣爱好为伴，我们的兴趣爱好也有可能会改变。但不管在哪个时刻你喜欢的是什么，你的兴趣爱好都能反映出你的真性情。

嗜好容易彰显性格属性

每个人都会有些嗜好，比如，有的人喜欢吃，有的人喜欢玩，有的人喜欢运动，有的人喜欢旅游，每个人的性格不同，各人的爱好不同，所选择的活动也不同，再作一个循环来讲的话，有什么样的嗜好就有什么样的人，这都是相互影响的。

先说说喜欢吃的人，其实每个人都喜爱美食，但只是有些人对美食的喜爱可以到无以复加的地步，这就是嗜好。这种人把满足自己的味觉当作人生最重要的事来做，他们时刻搜寻着什么地方有什么美食，在网络中，他们体现为食客一族。一般的食客都是白领以上的级别，做菜或者下馆子都是需要一定的资金支持的，如果只是平常吃个萝卜白菜之类的也就罢了，但是对于食客来说，这些普通的菜式根本满足不了他们内心的需求，他们对美食的需求就像人们对正常的粮食的需求一样炙热。如果哪里新开了一家饭馆或者哪里新上了一道特色菜，他们一定会嗅着气味就去了。只是，偏爱美食的人未必就是做饭很好吃的人，但和喜欢美食的人在一起一定会大饱口福。

再来看喜欢玩的人，玩的方法有很多，会玩的人不多。现在有很多人喜欢挑战极限运动，如很多人开始接受蹦极这种极限运动，这不仅可以发泄心中的不快，还能享受纵身一跃的快感。还有很多人喜欢坐过山车，喜欢在车身向下时的那一刻尖叫，所有人都在尖叫，这种气氛让人兴奋。什么运动都可以挑战极限，喜欢玩的人通常都是热爱生活的人，当然也是生活中常常伴有压力的人，在玩的过程中，他们可以很好地释放自我。

有些人喜欢独处，有些人就喜欢热闹，这就是性格上的不同了，性格造就人，性格也决定人生。喜欢独处的人性格内向，他们不爱说话，不爱与人交流，他们只是默默地完成自己该做的事，然后默默地回到自己的岗位上去继续新的工作。喜欢热闹的人性格开朗，他们最喜欢和人一起聊天，他们能很快地交到新朋友，即使他们已经拥有很多朋友了。因为他性格的缘故，他的朋友会对他不离不弃，他是个受欢迎的人。

有些人喜欢安安静静地看书，而有些人就喜欢流连在网络这个虚拟的世界中。喜欢上网聊天和喜欢上网游戏的人性格又不同，玩不同游戏的人性格也不同。看书也是如此，看武侠的是一种人，看言情的又是一种人，看长篇的是一种人，看短篇的又是一种人，人们的性格想要细分太难了，但正是如此，才有了这个奇妙的世界和这个复杂又有趣的社会。

从个人嗜好上，我们很容易看清楚一个人的性格，所以，在认识新朋友时，不妨多问问对方的喜好，这不仅是找话题的一种手段，还是加强相互了解的捷径。

用音乐透视人的心灵

音乐，留给我们灵魂深处最洁净的那片土地，这神圣的声音来自最遥远的音乐之乡维也纳，也来自于离我们最近的留声机前。

音乐的魅力在于它能够感动他人，感动自己。中外历史上出现了无数闪耀着耀眼光芒的音乐艺术家，这里有我们最熟知的一位，丰子恺先生评价他说："他的伟大，绝不仅在于一个音乐家。他有对于人生的大苦闷与精炼的美丽的灵魂，他是心的英雄。他的音乐就是这英雄心的表现。"他就是贝多芬。贝多芬 30 岁才开始写第一部交响曲，而他 34 岁时就完全失聪了，他的大部分经典作品都是在他无法听到声音时创作出来的。

贝多芬的灵魂因音乐而纯净，音乐是他人生的全部。有这样一个关于贝多芬的小故事：

某天，贝多芬去一家常去的餐馆用餐，刚点完菜，他突然来了灵感，就在桌子上摆着的菜谱背面开始记录下自己脑海中顿时出现的这段音符。在记录灵感的这段时间，侍者不敢去打扰他，生怕影响到这位钢琴家的思路。在过了许久之后，贝多芬才放下笔，侍者舒了一口气才敢过去问："先生，现在可以上菜了吗？"贝多芬吃惊地问："我还没吃吗？我觉得我已经吃过了。"然后便按菜单上的价格留下了钱，自己拿起写满音符的菜谱就离开了饭馆。

音乐让贝多芬废寝忘食，他的内心是最纯净的，纯净得只有音乐才能进入他的心底。

音乐有着不同的分类，而不同的分类可以代表不同的风格，喜欢什么样的音乐是因人而异的。喜欢古典音乐的人常常是独具高雅品位的人，在古典音乐的艺术里，显示出一个人内心最深处的渴望，它的内涵博大精深，它的旋律优美复杂，它流露的情感让人感伤，这一切的一切都造就了古典音乐的蓝色风格。喜欢乡村音乐的人在生活上更为随意一些，喜欢摇滚乐的显然是走在时代前列的人，这些人的生活乐观，他们对一切事物抱着积极向上的心态。摇滚人士并非是远离社会的人，他们也是社会的一部分，如果你觉得他们是另类，只是因为你不了解他们，他们只是用更强烈的音乐来表达自己的感情罢了。

从音乐中看一个人的人性，这是件相对复杂的事，不过你可以间接了解到对方喜欢哪种音乐，一般他喜欢的音乐旋律和他的性格密切相关。喜欢快旋律的人是个急性子，他们常常办事风风火火，就像踩着音乐的节奏一样，这样的人通常都为人热情，是个值得交往的对象。喜欢慢旋律音乐的人，就是慢性子了，这种人生活节奏较慢，但是个喜欢帮助别人的人，也是能设身处地为人着想的人。

用音乐透视人的心灵，音乐的纯净也会让你享受到纯净的一片天空。

在舞台上跳出人的本性

每个舞者也是有其人生理想的，跳舞跳的不仅是动作，还包括这段舞曲的感情，一段舞如果跳不出感情，那么这个舞台就会变得干瘪无力，观众也会提不起兴趣来。舞者在舞台上展示着自己的青春激扬，展示着舞曲的魅力风格，两者相结合的表现就是整段舞蹈的表现力和冲击力。在舞台下的观众席上，我们可以深切地感受到舞台上演员的表演态度，认真或者不认真，投入或者不投入，感情丰富不丰富，舞者跳的是舞曲的感情，也是自己的感情，人们更能感受到的是人的本性的展现。

在芭蕾舞剧天鹅湖的表演中，演员就必须要融入剧中的角色中，将自己想象成真实的王子或者公主，抑或是邪恶的黑天鹅。天鹅湖的主角奥杰塔，不仅要舞蹈技术一流，还要能同时扮演两种性格的角色，一种是温柔善良的白天鹅，一种是邪恶耀眼的黑天鹅。在黑天鹅最早出现的时候，是以白天鹅的容貌出场的，因为要白天鹅同时兼扮黑天鹅，并且白天鹅在扮演黑天鹅出场时，有一段 32 圈名为挥鞭转的轴转，这对演员的芭蕾功底是相当大的考验，因此也不是随便谁都可以出演白天鹅的。而扮演王子的演员也要发挥出符合人物性格的表演水平，他要能够在发现自己上当受骗的一瞬间，把自己从那种幸福感中拖拽出来并急转为愤怒激动的情绪状态，这对演员的表演也是一种考验。

喜欢歌舞剧的人是心理年龄相对较大的人，他们喜欢歌舞结合的表演形式，这可以更全面地满足他们对艺术的需要。而歌舞剧很难成为年轻人的最爱，这是因为歌舞剧的繁琐表演形式，可能只有骨子里更传统的人才能接受或者好好地欣赏下去。

喜欢芭蕾的人是身份高贵、内心优雅的人，其实这里说的身份高贵并不仅指这是一个有钱人，只要你爱芭蕾，芭蕾就可以把你从灰姑娘变成公主，在这个舞台上，每个演员都是那么光鲜亮丽，他们让我们的生活充满希望，也充满诗的旋律。

喜欢现代舞的人常葆青春活力，现代舞的节奏强烈、快速而激昂，是年轻人的最爱，当然这里也不排除热爱青春舞曲的中老年人，只要有一颗年轻的心，人就会活得开心快乐和满足。

喜欢恰恰或者拉丁的朋友是充满生活热情的人，这些舞曲的曲风常常热情激扬，充满对生活的热爱，喜爱它们的人也是极具活力的人，在生活工作中，一定是精力充沛一族。

在舞台上，有舞台上表演出来的性格，有演员本身的性格；在舞台下，有不同的观众的不同个性。看演出的人有他们的相似点，都是为着一个目的而来，表演的人也是为着一个成功的目的而奋斗，就这样，演员与观众之间的互动就形成了。而只要你仔细观察，你就能寻觅出每个人脸上透露的信息。

属于自己味道的那支烟

当一个人孤独的时候，香烟是最忠诚的陪伴者。经常抽烟的人会觉得香烟不是他的生理需要，而是他的心理需要。在一个人孤独寂寞的时候，静静地打开火机，点上一支香烟，牌子不用太好，深深地吸上一口，就会让人心理得到极大的满足。抽烟让人将烦恼的事都随着吐出的烟雾而慢慢消散，这是一种自我救赎，虽然这种救赎看起来并不健康。很多人不在乎吸烟对身体的危害，因为他们觉得不吸烟时对身体的危害似乎更大。

男人吸烟，更多的是为了解压。当今的社会压力越来越大，就算是在倡导男女平等的社会，男人的压力也不可避免地变得越来越大，男人有时候没有女人坚强，事实上，科学证明，女人的抗压以及承受能力高于男人。男人可以发泄的途径太少了，无非就是吸烟和喝酒。女人在受委屈或者压力大的时候可以放声哭泣，可以和好友一起疯狂购物，可以花笔钱去做美容做瑜伽，可以破费一笔吃一顿平常不舍得吃的大餐，可以和男人发脾气……可是男人不能去疯狂购物，他们没有这种习惯；也不能去做美容，怕是会被人笑掉大牙；去吃一顿似乎也不妥……男人在伤心或者心情低落的时候，最想做的就是去一个没人看见的角落，拿出那盒烟，一支又一支地把它们抽完，没有数量限制，只是抽到自己心情轻松为止。去孤独地享受孤独，也孤独地解决问题。

男人在寂寞中吸烟，更容易使大脑清醒，他们不会像女人那样因为寂寞而伤心，反而会因为寂寞更能沉下心来进行思考，寂寞让男人戒掉烦躁，学会成熟。

一支烟，一个人，吸烟的时候，人本身是孤独的，而吸烟的女人似乎比男人更有味道。这让人想起手持香烟的张曼玉的照片，那种味道是不可言的。女性未必能像男性那样可以在吸烟中找到一种平衡感，但是女性能在烟雾缭绕中找到属于自己的个性，那种放荡不羁，那种寻找自我的种子，像蒲公英一样带着翅膀，随风飞去……

每个人都有属于他的那支独特味道的烟，不管是在有人陪还是没人陪的日子里，那支烟都像一个忠实的随从一样，从没有半句怨言，这支烟可能是你想最后保留下来的，可能是在你抽完了其他的烟之后依然不舍得点燃的，那就是随你而行的理想。把理想比作一支烟，还是有它的可行性的。其实理想也是像这支香烟一样，我们总是随身带着它，把它视作珍宝，可从来不去碰它，也许哪一天我们完成了所有的铺垫，该把它点燃的时候，我们又退缩了；也许在不经意的时候，我们随意点的那支香烟，就是我们的理想。要不说理想也是要被点燃的呢！

当孤独离你而去的时候，你的香烟的使命也就完成了。

从旅游方式看人的本性

如今旅游成为人们休闲假日的优先选择，一是因为人们的腰包鼓了，二是因为人们的意识开始有了转变，从以前只知道攒钱变得懂得消费了。现在是不管男的女的，老的少的，只要一有时间和金钱上的储备，就会考虑下一次旅行的目的地。只是人们的旅游方式还是存在些许差别的。

各种各样的旅行方式看起来也不少，先看自助游，这通常是年轻人所喜欢的。年轻人的积蓄不多，但他们又是最具活力和闯劲儿的，所以他们喜欢在有限的经济基础上实现最大化的目的，也就是用最少的钱办最大的事。当然这就需要他们提前做好多项准备工作，首先确定好自己的假期在几月份，然后根据这个选择自己想去的最适合这个季节的地方，接着他们就会开始一系列的熟悉工作，包括：预订打折的机票或者火车票；熟悉地形，比如提前买好地图；熟悉酒店，预订价廉服务优的酒店房间，当然，如果可以的话，就先认识几个朋友，然后住到他们家去，这会省下一笔极大的开销（到这里不可不说一下当今时代的驴友，在你想去一个地方之前，先在互联网上发出通知，征集驴友，如果三五个人结伴去，不仅路上不会孤单，而且住宿或者包车的钱也会省下很多，现代还流行的一种旅游方式称作“换房游”，如果你想去到某个城市，就在网上发出帖子，标出自己的房屋所在地和你想去的城市，然后等待那个城市的某个有缘人来和你进行换房游，这是最省住宿费的一种方法，但一定要小心谨慎。这是时尚的旅行方式，喜欢这种旅行方式的都是有一定的时间但是钱不多的年轻人，他们又想旅游得好又想省钱，虽然需要自己计划许多，但计划也是一种旅行前的享受。

再看组团游，这是种大众化的旅行方式，参加一个旅行团是最省时省力的方式了，当然，对于不太会安排行程的人来说，这其实也是省钱的一种方法，旅行社会为你做好一切的安排，只要你把钱交上并按时随团出发即可，路上一般都会有专门的司机和导游陪同。这种旅行方式通常适合中老年人或者是休息时间不多但还想出门看看世界的人，这也是种实惠的且相对安全的旅行方式。不喜欢计划或者不太喜欢精打细算的人会选择组团游，自己不必操心太多，还能游玩重要的景点。

其实就像《杜拉拉升职记》中讲述的那样，有钱一族的中年人士喜欢去国外度假，而青壮派为了和他们区分开来，就喜欢攀岩、爬山这种折磨自己又磨炼意志的旅行活动。

当然每种旅行方式都各有利弊，但是不同的人因个性不同而有不同的选择，因而说旅行方式也可看出人的本性，性本自由的人爱自己出发，性本传统的人就会选择相对安全的方式，但无论人们怎样选择，其实都无可厚非，这不过是每个人应有的权利罢了。

读书可以助你了解他人

高尔基说，书籍是人类进步的阶梯。人类的进步离不开人类自古以来流传下来的知识，读书不仅可以增进知识、增长见识，还可以了解那些自己从未了解的人，也可以帮助我们了解那些我们想去了解的人。

常读鲁迅的书我们可以看出鲁迅锋芒毕露的人生态度，一个人的作品是最能反映这个人的思想的，尽管我们不认识鲁迅，但我们可以从鲁迅的书中读出他的性格、读出他的人品。

冰心的小诗清新隽永，那时刚开始流行短自由体诗，冰心的作品一出版，就受到了众人的追捧，一时各种学习冰心体诗的风潮涌来。从冰心的诗中我们可以看到一个清秀的女子，一个思想纯净、文采熠熠的女子，一个温柔爱家的女子，一个关心他人的女子。冰心特别关注孩子们的发展，她常在报刊上发表一些写给孩子的文章，面对小读者们的来信，她还经常统一整理，写了好多篇《寄小读者》，顿时，一个温柔娴淑的女作家形象展现在我们面前，就算我们从未与她谋面，也似曾相识。

名家大师们的风格总是很容易就能被我们辨别出来，这正是因为他们的风格独具特色，没有特色的文章不会被人们注意，没有特色的作家难以在茫茫文海中扬帆远航。

曾经沈从文有一段艰难期，那段时间他没有了经济来源，无奈之下，写了几封信向当时几位知名的作家求助，郁达夫在收到他的信之后，匆匆赶去看沈从文，当时的沈从文正在四面漏风的破屋里进行写作，环境条件相当恶劣。

郁达夫急忙走进去："哎呀，你就是沈从文……原来你这么小，我是郁达夫，我看过你写的文章，很好，一定要写下去。"

后来郁达夫给了他一定的接济，并把他的文章推荐给《晨报》，使沈从文摆脱了经济上的困境。

郁达夫从未见过沈从文，却因为沈从文的文章而认定他为一个可以相交的人，这足以看出文章的魅力，仅仅凭借看一个人的文笔就可以看出这个人的品行，虽然有些片面，但在大多时候，还是可以借鉴的。

其实读书可以教会我们识人，多读书的人懂的东西必然要多一些，书虽然是间接经验的一种，但它也是由前人的直接经验总结出来的。书中的很多道理也是可以直接借鉴的。

比如，孔子教导我们“有朋自远方来，不亦说乎”，是让我们要热情对待新朋友。再比如孔子教育上倡导的“有教无类”，这个告诉我们认识人不要从外表来看，做老师不能把学生分为三六九等。另外，也有很多书教会我们如何择友，或者如何真诚对待朋友。我们看人一定不能只看外表，《巴黎圣母院》就告诉了我们这样一个道理，丑陋的敲钟人其实才是心地善良的人，而看似仪表堂堂的教父却是内心险恶的小人。

穿衣偏好印证个性主题

性格地位不同的人在服装品牌的选择上也是有着相当大的差别的，这从人们日常穿衣的风格上就能体现出来。

能称得上品牌的衣服不是普通人日常生活的必需品，但我们的衣柜里必须有这么几件可以拿得出手的衣服，特别是在女人的衣橱里，名牌并不是非要用来穿的，虽然女人买下这件昂贵的衣服并不会穿几次，但她必须有一件属于自己的品牌服装，可以说是女人的虚荣心在作怪，也可以说女人天生就有这个权利。

世界上的顶级品牌并不是很多，有些品牌能做成国内一流就已经不错了，不同的品牌都有它们独有的风格，而每个品牌也都有自己的故事。爱上一个品牌，也许是爱上它的款式，也许是爱上它的故事。是谁在主宰着世界潮流呢？就是它们：香奈儿、路易·威登、迪奥、古驰、华伦天奴、皮尔·卡丹、巴黎世家……

喜欢路易·威登的人显然是奢华品的推崇者，LV的包包历来都是女人的最爱，价格昂贵的它往往令人望而却步，但是这个品牌是绝对值得你去喜爱的。香奈儿是一个具有百余年历史的品牌，它的设计风格从一开始就是为了打破法国传统的繁琐的服饰，它的时装一直是突破传统并向着高雅、简单和精致发展的。每个女人总能在香奈儿的服装世界里找到属于自己的那一款衣服，喜欢这一品牌的人也必然是渴望自由、摆脱束缚的白领女性。迪奥是个更偏重于男士服装的品牌，就连它的女士服装也都流露着坚毅的线条，这是职场女性的首选，当然如果你想做个女强人的话。古驰的风格更被商界人士垂青，尤其是它的男装，是社会上身份与财富的象征，它的设计不仅时尚而且高雅，不管是在工作还是休闲中，都是很好的选择。阿玛尼的风格显得更中性化，在这个时代，中性化的风格走得正是时候，它越来越受到人们的追捧，更是各地成功商业人士以及各国明星的最爱。ONLY的风格更性感更张扬，它成为了时尚前沿的代名词，也是都市白领女性消费的最好选择。

当然，不管怎么说，大多时候我们选择衣服除了要看牌子，还要看外观，最重要的还是看自己的口袋，即便我们非常喜欢某件名牌衣服，如果我们不经常穿，我们也不必浪费这个开销。当然，拥有这种心态的就是另一种人了，他们不愿意多花钱在无用的事情上，至于衣服，买得好看大方、款式新颖、面料舒适也就基本达到要求了，在品牌选择上，会避国际大品牌而买国内相对平价的一些不错的品牌。

那些每天想着买名牌衣服的人也许不是真正的有钱人，很多月光族就是把每月的薪金花在了置办这些奢侈品上，从这就可以看出人和人之间的不同追求，我们无权去评价什么，只是这正应了从服装品牌看穿人性的主题。

第九章　生活习惯，反映人心思的镜子

生活中，我们有很多自己并不太注意的小习惯，如常做的一个动作、常说的一句话等。生活习惯也包括饮食习惯、书写习惯、购物习惯等，从这些细微处我们可以发现自己内心深处的渴求，有我们希望的，也有我们害怕的，如果我们偶尔关注一下这些习惯，便可以反思自我。

从喜欢的电视节目判断性格

自从世界上出现了电视机这种东西，人们便为之迷醉，随着电视节目的多样化和趣味性的增强，看电视机成了大多数人一天中必做之事。更有些人从小就是电视迷，可以说是在电视节目的陶冶中长大成人的，而自己大脑中的很多知识也皆是来自于各种各样的电视节目。可以说，电视机让人们的视野开阔了，让很多人不用走出家门就知晓了天下事，让很多奇闻趣事以有形有色的画面深深映刻在人们的脑海中，更让那些有着雄心壮志和抱负的人多了一种了解生活、了解世界、了解所好，洞悉先机的机会。

电视机带给了人们丰富多彩的生活，也正因为电视节目对人们的吸引和影响，使得人们有着不同的向往和追求。在我们的人际关系之中，在我们与他人交往的时候，通过对方对电视节目的喜好，我们也可以看出他的性格以及生活偏向、处事态度等东西，而对于这一点的准确把握，相信可以让你的人际关系更上一层楼。

总结起来，电视节目大概有以下几种类型：1. 喜剧性节目，2. 戏剧节目，

3. 神秘恐怖节目或破案故事，4. 有奖游戏或猜谜式节目，5. 家庭伦理连续剧，6. 大型综合性娱乐节目，7. 体育节目。试着观察你周围的人喜欢的节目类型，然后根据下面的分析来进行判断吧。

喜欢欣赏喜剧性节目的人对生活要求不高，家庭观念浓厚，同时个性比较含蓄。此类人大多会利用幽默感去隐藏内心真实的情感，表面上看起来漫不经心，但内心炽热如火。

喜欢看戏剧节目的人自信心强而富有冒险精神。此类人英雄主义色彩极浓，好急人所急，但比较霸道，喜欢领导和左右别人，有时会因独裁专制而失去朋友。

喜欢看神秘恐怖节目或破案故事的人好奇心重，竞争心强。凡事能够贯彻始终，全力以赴，喜欢追求刺激而不甘于平凡。

喜欢有奖游戏或猜谜式节目的人智商高，推理能力强。对任何问题都能冷静分析，寻根问底。此类人对于无知和愚蠢最不能忍受。

喜欢家庭伦理连续剧者幻想力强，是非分明，极富正义感，为人处事极有分寸。

喜欢看大型综合性娱乐节目的人乐观开朗，心地善良而不愿记恨别人。此类人凡事只看光明面，最能体谅别人。

喜欢欣赏体育节目的人竞争心极强，喜爱接受挑战，压力越强，表现越佳。做事有勇有谋，计划周详而尽力追求完美。

马里兰大学社会学家的一项新研究认为，不快乐的人看更多电视，而自称“非常快乐”的人花更多时间阅读和交际，相比参与社交和阅读报纸，观看电视并不真的让人心满意足。研究人员分析了跨越30年间的两组数据，收集了约3万成年人的习惯，在考虑了他们的教育、收入、年龄和婚姻状况等情况后，发现不快乐的人观看电视节目的时间比快乐的人多20%。从某种程度上，电视变成了一种鸦片、一种习惯，打开电视是一种忘掉一切的简单方式。

研究人员称，看电视只能给人们带来短暂的快乐，如果长时间看电视，效果会适得其反。看电视时间过长所造成的不良伤害与影响层出不穷，如容易变胖、变笨变傻、懒散被动、注意力下降、扼杀想象力。因为电视强烈的声光画面，让脑部只维持在原始区域运作，无法刺激他们思考区域的发展。建议只看优质节目，而且一天不要超过两小时。如果害怕或不习惯家里突然没有电视机的声音，不妨打开收音机，以音乐和有趣的广播节目作为家里的背景音乐。

从习惯动作了解对方的心态

每个人都有自己的习惯动作，比如抓耳挠腮、摸鼻子、挤眉弄眼等，习惯性的动作是在日常生活中逐渐养成的，而且很难改掉，因为这些动作基本不影响我们的生活，我们常常把它们忽略掉。习惯动作出现时，我们自己不会特别去注意，但是往往给别人留下深刻的印象，这就像是你身上的一个胎记，你自己可能看不见，但你不能否认它的存在，也不能保证别人不去注意。

我们在和别人聊天时，可以从对方的习惯性动作来了解对方的心态，当然，在这时，对方也在了解你，这就要看谁的洞察力更强了。更能抓住对方心理的人在聊天中更具有主动权，让我们来看看，我们可以在对方的动作中发现什么。

首先我们来看对方的坐姿。长时间的聊天通常都是坐着的。如果对方坐姿端正，这表明对方非常重视这次谈话，但是对方的内心多少有些紧张，在此时，你是把握整个谈话的掌权者，对方会一直跟着你的话语走。如果对方坐姿非常随意，这也说明了这次谈话并非他非常重视的，这是一场非正式的交谈，你也可以不必太紧张地去和对方进行交流。在对方坐姿较随意并且身体前倾表示认真听你说话时，这场交流将会非常融洽地进行下去，因为双方处在比较平等的位置上。

其次，我们来看对方的站姿。非正式交流或者短时交流时人们常常站一会儿就把问题解决了。如果对方时刻保持随时离开的姿势时，你最好长话短说，因为你极可能占用了对方的宝贵时间。如果对方需要什么支撑物来保持自己的站姿时，你需要意识到此时站着聊天不是很好的选择，如果对方不赶时间的话，你可以邀请对方坐下来聊，如果对方手头还有其他事需要做，你最好赶紧结束话题或者和对方另约时间。

最后，我们看对方在聊天时表现出来的小动作。和他人聊天时，要注意对方的表情，一般人都不会在表情上遮掩自己的态度，这就需要你的仔细观察。如果对方脸上表现出怀疑的样子，你就要立即转变方向，让对方先能接受或者肯定你的方案，然后再进行下一步的具体分析。如果对方在与你交谈时眼神游离，这说明对方并没有专心和你交谈，也许你该另选时机，或者尽快提出让对方集中注意力的话题。

有人说，在说话时常摸鼻子的人是容易说谎的人，不知道有没有人调查研究过这句话的可信度，但是说谎的人的确会在自己说谎的同时寻找一种方法掩饰自己的内心，久而久之他会养成一种习惯，当然这种习惯可能是其他的一些动作。

由此来看，小动作中也有大奥妙，你的动作习惯会在你自以为掩饰得很好的时候出卖你，不过只要不是不雅的动作，我们都可以不用太去在意，每个人都会有自己的习惯动作，只要无伤大雅，我们只需要轻松对待。

从刷牙方式透视对方的内心

你也许会奇怪，刷牙也可以看透一个人的内心吗？大多数人每天早上醒来，都是在睡眼惺忪的状态中刷牙洗脸，对于自己刷牙这一日常举动并没有太多关注，但是不经意间，刷牙也暴露了你的内心，只是在你刷牙的时候不会有太多人去关注，除非是你的家人。

工作严谨的人大多在日常生活中也能严格地要求自己，刷牙其实是生活中非常重要的一项准备工作，牙齿的亮白可以给人留下良好的印象，帮助你展露自信的笑容，露出牙齿的笑容可以更快地感动他人。像这些对自己要求严格的人，他们常常非常注意自己的牙齿健康，他们会选择效果比较好的牙膏以及牙刷，然后严格按照牙医的建议来刷牙：每日早晚两次，每次3~5分钟，牙刷三个月一换，不要一直使用同一种牙膏等。他们的牙齿亮丽洁白，他们的人生也在自己的努力中绽放光彩。我们有时只看到成功人士光鲜亮丽的结果，却从来不会去考虑到底是什么让他们成功，答案就在细节上。成功的人会将每个细节尽量做得完美，即便是刷牙这件旁人难以看到的事，他们也会尽心尽力地去完成，这就是成功人士之所以能成功的秘诀。

多数人不是很重视刷牙这件小事，只是把它当作每日必须去完成的任务而已，况且刷得好不好自己也看不大出来，别人也看不大出来。可是，日积月累，你的刷牙效果就体现在大众面前了。很多人不重视平常的刷牙，导致日后出现多种牙科疾病，包括牙龈出血，牙龈肿痛，牙结石，牙齿松动等，还常常伴有牙疼的症状。都知道牙疼不同于其他的疼痛，往往让人难以忍受，而这种情况的发生，都是因为你在平时不注意保护牙齿而导致的。没有一口美丽的牙齿，即使你的脸蛋儿再漂亮，你也不敢露齿一笑。

对生活随便的人刷牙也很随意，往往只是象征性地糊弄了事，刷牙刷不到一分钟，牙膏的效果还没显现出来的时候就已经漱口了，这样的人常在工作中表现得很马虎，也许他工作时也风风火火，可是他怎么也不会给上司提供一个可以让他升职的理由，因为这样的人办事毛躁，很难担当起领导者的重任。

讲到这里，你也许才恍然大悟，原来刷牙也有这么多的讲究。其实正确刷牙的方法我们都知道，可是为什么有人按照正确的方法每天坚持来做，有人明知道自己做得不对还不改正呢？这就是我们的性格使然了。一个人的性格经历了很长的形成过程，并在他20岁左右固定下来，想要改变是很难的，除非下定很大的决心和毅力。我们并不是要求你改掉自己的刷牙方式，只是想提醒读者朋友时刻注意自己的生活细节，不要让小问题演变成大障碍。

从随手涂写中看出对方性情

如今的西餐厅、精品店、书店等经常会留有一块版面提供给客人留言，店家会准备好充足的便利贴和笔，你可以随便写些什么，然后贴在一个合适的位置，如果便利贴不是太多，你的就不会被更换下来。这种随手的涂写反映了写者一时的心情，也满足了他发泄的欲望。

便利贴是一种随手涂写的例子，当然现代人更愿意去网络这个虚拟的世界寻找可抒写心情的地盘，从留言板到贴吧，从个人主页到博客，以至于现在网络为了迎合现代人的快速生活节奏，将博客浓缩为微博，给人们提供了更多的平台。

我们难以否认现代社会在进步，而现代人越来越孤独。有一幅漫画是这样的：在同一张床上，夫妻俩背对着上网，丈夫在网上问妻子今天吃什么，而妻子则在另一边打出了今天的饭菜名称。网络让人生成了一种悲剧。

这种现象其实并不是虚构夸张，像在大学中，同处一室的人经常用电脑留言来交流，现在的大学生不仅不觉得这会让大家更疏离，而是以赚取更多的留言——也就是人气为骄傲。

时代的进步，也许正是体现在现代人的沟通交流中。社会发展的速度越来越快，而我们再也不像七八十年代的人那样，可以拿出大把的时间来走亲访友，或者拿出专门的时间来和朋友聊天。但是即便我们每个人越来越生活在自己的小圈子里，我们也需要有这么一块方寸之地来抒发自己的感情，尤其是在社会中被压抑的感情。

如果你有一段时间不上网，那么你再上网时就会发现网络用语又一次全部翻新，想要跟上时代的脚步就必须随时融入网络。

不管是文人骚客，还是城市白领，还是不懂世事的学生，都开始追捧这种随处涂写的发表自己想法的方法。这种随手的涂写虽然大多只能代表这个人的一时想法，但也从根本上体现着这个人的思想。真实情感的流露往往就是在不经意间发生的。

原来的人喜欢写日记，其实日记也不过就是人的随手涂写罢了，只是当时的人比较保守，写了日记通常是留着自己看；而现代的人都更加开放，希望自己能更加被关注，在网上的日志基本都是公开的，而且希望越多人关心越好。这就是时代的变化，而时代的脚步是一直向前的，前人追着追着就累了，再由后人去追。

不要小看这些随手留下的文字，冰心的《繁星春水》就是她一直以来的随手写作，最后由她弟弟整理出版的。大多数作家的文集也不是一次写成的，而是在每次自己有灵感时写下一篇，最终成书。随手涂写的文章最能流露个人的情感，我们在不经意中留下的文字也许才是最真实的自己，而那些一板一眼的议论文只是写作规则的宠儿。

从烦躁时的动作体会对方想法

每个人每个月都有那么几天心情不好的时候，这其实不分男女，我们的身体状态不可能随时保持兴奋的状态，每个人总有段时期心情平静，有段时期心情低落。我们在心情低落的时候，可能无论做什么事情都做不好，这就会令我们变得烦躁，但是容易烦躁的人并不可爱。

在礼貌上，我们在公共场合会尽量不表现出自己的烦躁，但是我们的一些动作可能会出卖我们，就像在本章中讲到的习惯动作一样，这些常常是我们不经意做出的动作，但通常都会被心思细腻的人看在眼里。

烦躁的时候我们的视线通常不会停留在一个地方，而是左顾右盼，这正是不耐烦的心理表现，如果你不是领导级的人物，最好不要被别人发现自己的烦躁表现，你的烦躁会给你的上级和同事带去不好的印象，而且就算你平时工作很努力，这也是你的一个不能将功补过的大过错，在公司中断了人脉就断了一切。

我们说烦躁的动作会暴露你的内心，主要是说你的内心态度很容易反映在你的表情和动作上。初入职场的人常常会忽略这一点，总是把自己的高兴或不开心写在自己的脸上，让别人一看便知。如果是开心的表情还好，大家都喜欢一个时刻开心的同事；但是假若你不开心，一定不要把这种不开心带到工作中，因为不是你的同事让你不开心的，他们没有必要承担你的痛苦，同事毕竟是同事，不是每个同事都是你的密友，你的不开心恐怕只有家人还有朋友愿意为你分担。

烦躁时的人常常会摔打东西，比如，你心情不好时正抱着一沓文件，可能你刚走到自己的办公桌前就会把这沓摔到自己的桌上，你放肆地表现了自己的烦躁，却失去了同事的青睐，你的美好形象可能就在霎时之间倒塌得一无所剩，这真是件得不偿失的事。

当我们不可避免地烦躁时，尽管不能将这种心情向别人发泄，但我们依然可以寻找到合适的发泄方法。比如，在下班后去一趟健身房，在跑步机上让汗水把自己的不快全都带走，运动让心情变好，这是一条自然法则。当然我们也可以去做瑜伽，在平静中让自己的心态恢复端正。如果你的心情糟得即使运动也解决不了，你可以去找一个心理医生或者是你最好的朋友，只要是一个安全的可以倾听的人就好，然后把自己憋在心里的话一吐为快，这样就会觉得轻松很多。

记住，你的烦躁是你自己的事情，请尽量不要影响到别人，如果你执意带给别人不快，你不仅得不到别人的同情，还会让自己的形象跌至谷底。你的烦躁的动作总是会暴露你内心的想法，甚至你自己都阻止不了，唯一的解决办法就是尽量管好自己的心情，为人处事的中庸之道有助于你时刻保持良好的心态，生活本美好，不要自己去打破这种平静。

从书写风格中看出对方性情

中国汉字本身就是图形的艺术，汉字自古至今形成了很多写法，有楷书、隶书、行书、草书等。西方从古代的鹅毛笔到现代的钢笔，中国从毛笔到现代的学习西方的钢笔、圆珠笔等，书写工具的变化也导致了书写字体的一些变化。

书写是一个人无声的名片，我们在与人打交道时难免要遇到书写的问题，写字漂亮的人往往更加自信。就像广告上说的，签名的时候、付账签单的时候都需要用到签名，写一手好的签名已经成为现代社会必不可少的一项技能。当然，如果只是签名漂亮，这难免狭隘了一些，如果只是会签名，而别的字都写得像蚂蚁上树那样，那你的水准也必然上不了档次。

有一篇小小说是这样的：

有一位部长去参加一个书法协会组织的活动，很多人看到部长去了，都纷纷要求部长提几个字，部长非常高兴地大笔一挥，写下了潇洒的“同意”二字，大家都拍手称赞，请部长再写几个字，部长脸上露出为难的表情，说：“不能再写了，就这两个字好。”

这个当然可以只是当作笑话来看，这个部长平时写惯了“同意”二字，只有这两个字写得最好。但是从另一个方面我们可以看出，书法都是练出来的。古时候用毛笔书写时，想要考科举的人必然要先练好字才行，还要像练武一样，坚持才能出成效。有些人为了练出腕力，还在手腕上绑上沙袋来写字，这样当沙袋卸下来时，用笔就会更灵活自如了。

书写表现一个人的性情，写字认真、一笔一画的人常常被视作规规矩矩的人，这种人办事严谨，但是缺乏灵活度，是个尽职尽责的员工，但往往被领导忽略。这不是说改变你的书写就能改变你的性情，这完全是一个定向公式，不可逆转的。我们的性情是主导因素，而书写反映的正是这种性情。

那些写字龙飞凤舞的人就和这种中规中矩的人截然不同了，这些人常常很自信，有些时候还会有些自大，他们以自我为中心，很少关注别人，也很少关心别人，他们总是活跃分子，但如果太过活跃的话，反而无法赢得别人的好感。如果是在公司，你会在哪里都能发现他们的影子，如果他们只是活跃派的话倒还不至于太令人反感。

有些人就处在比较中庸的位置，他们的书写又漂亮又得体，这样的人办事圆滑得体，他们为人处事也都是保持中立的态度，常常是一个公司的和事佬。他们常常能赢得大多数人的信任，这种人最适合在人事部工作，他们可以游刃有余地处理各种人际关系。

书写在你的人生中发挥着不可替代的作用，尽管现在人们很多都用打印稿，但能写得一手好字仍然是你的一项别人替代不了的优势。

从沐浴习惯把握对方内心动向

这里说到淋浴，似乎涉及个人隐私了，但是沐浴和吃饭一样，也是人类日常的行为之一，沐浴习惯也能揭示一个人的内心动向，你是否有注意过自己的沐浴习惯呢？现在让我们来看看，有哪些沐浴习惯展示着人的内心。

有些人习惯去公共澡堂洗澡，在那里不用自己烧水，不用自己打扫，也许还可以邀好友一起去，这似乎是老北京人最喜欢的，在一个大澡堂子里一起泡澡，大家讲着天南地北的事，一派乐呵的景象。当然现在人们都开始住楼房，大多人都在自己家里用太阳能热水器，人们越来越在自己的小空间里安静地生活。但是作为一个社会中的人，有很多人现在根本无法接受在公共澡堂洗澡。他们习惯了在自己的小空间里自由舒展，而到了公共澡堂，就会觉得异常尴尬。其实在澡堂洗澡是中国的一项传统，我们没有必要去忌讳，太过在意这些的人，反而不能很好的在社会中生存。

有些人喜欢淋浴，而有些人喜欢泡在浴缸里享受周围全是水的环境。喜欢淋浴的人往往是喜欢无拘无束的人，他们平时显得干练且能够得到别人的喜爱，他们大都是普通阶层，拥有一份相对稳定的工作，拥有比较好的人缘儿；在工作上他们十分卖力，因此也常得到老板的青睐。喜爱泡浴缸的人通常社会层次相对较高一些，或者和他们生活在一起的是社会地位较高的人。不管怎么说，泡浴也是一种很好的摆脱疲惫的方式。但是泡浴往往是女人的专利，她们喜欢在充满泡沫的水下自由舒展自己，或者再撒上些玫瑰花瓣，这样整个沐浴过程变得温馨而浪漫，这样的小女人情调不是每个人都有时间去享受的。

有些人更加偏爱温泉浴，在日本叫泡汤，泡汤这两个字其实更贴切，温泉本来就是带温度的，还冒着热气，一个小池子真像一碗热气腾腾的汤。另外，洗温泉浴是对身体极好的，温泉中含有多种矿物质，可以舒缓身体疲劳，某些含有特殊矿物质的温泉还可以治疗慢性病。但最重要的一点就是不是每个人都有钱有精力去泡温泉的，这似乎天生就是富人的一项权利。

有的人有洁癖，就算是天天洗澡，他也要花相当长的一段时间待在浴室，这样的人总给人带来不好相处的感觉，但是有洁癖的人也常常是个热心肠，如果你可以忍受他们那无以复加的爱干净的状态，你还是可以尝试和他们成为朋友的，爱干净总不是什么坏事。当然，相反地，有些人沐浴时间很短，他们不喜欢把时间浪费在这些小事上，也许睡觉或者工作都比这个来得实惠，他们是真真正正的实用主义者。

如果说分析，也只能是你自己分析你自己的沐浴习惯了，不过看清自己比什么都来得重要。

Part 4

闯荡职场，妙读人心

第十章　火眼金睛，看得“小人”无处遁形

身处职场，我们需要与各种各样的人打交道。人多的地方就有是非，有是非的地方必有“小人”。这就是为什么有时我们努力地做好自己的本职工作，可事情的结果往往并不能让人满意。职场中都有什么样的“小人”，你会不会因为一念之差，成为职场中的“小人”，面对身边的“小人”，你又该如何防范？这些问题都是本章我们所要讨论的话题。希望看完这一章后，你也能一眼认出身边的“小人”，在工作中远离是非，捍卫自己的劳动果实。

看清“小人”的五大特征

身在职场，要想远离是非，保持自己的清白，那你就必须炼就火眼金睛，看清身边“小人”的嘴脸。只有及时地远离“小人”，才能免受其害。“小人”脸上没有刻字，那么如何识别身边的“小人”？只要留心观察，一定不难发现。今天我们就教你几招认别“小人”的招术，希望你也能用到工作中去，从而取得成功。“小人”毕竟是“小人”，虽然可以一时风光，但是终究无法隐藏自己的丑陋本质，职场中的“小人”一般有以下几个特征：

1. 极力与当权者靠近

在公司，总有一些人看见领导的时候就摆出奴才样，到处跟在领导的后面拍马屁。他们与领导的关系极为密切，经常会陪着领导吃饭、喝酒，有时还会主动地提出为领导跑腿办事，其实并非他们真的有什么能耐，而

是他们善于使用这样的投机之术，讨得领导的欢心。为了向领导表示自己的忠心，他们有时候甚至不惜出卖自己身边的人，以获得领导的赏识。

2. 人前一套，人后一套，做两面人

如果你仔细地观察一定可以发现，在我们身边有一些人，无论什么时候总是人前说一套，而背后又是一套。表面上，他们总是把自己装扮得像正人君子一样。实际是，对于那些比自己有才能的人，他们总会竭尽所能地在背后打击，为了达到自己的目的，他们可能会鸡蛋里挑骨头，甚至造谣生事，总希望背地里把人搞臭，以显自己的高明之处。有时候，他们还会表现出幸灾乐祸的情绪，当他人出现什么危机时，他们会在旁边说一些风凉话，并不会像别人一样给予安慰，反而可能是在旁边用语言继续打击。

3. 与人相处总是唠叨个不停的人

如果留心观察的话，你就会发现在我们身边经常有一些人在那里没完没了地谈论。这些人要么经常在那里胡吹海侃，要么天天抱怨自己的生活如何不如意，要么就是见人就说教。也许有人会觉得这类人并不像“小人”。其实，这类人往往能力并不怎么样。那些经常满嘴大话的人，最不可靠，别看他回答时满口应承，到时照样完不成任务。经常唉声叹气，抱怨自己命运不好的人，表面上他们在向他人诉苦，想获得别人的同情，实际上，他们只是想通过诉说告诉别人自己的能力很高，只是没有更好的机会。

4. 探听别人隐私，无端造谣生事的人

在职场中，还有这样一类人，他们往往热衷于打听别人的隐私问题。与他人交谈时，他们总会看似无意地问他人的私人问题，如果是到心思单纯的人，可能就会在他的引诱下说出实情。这类人，最擅长的事情便是拿着他人的隐私到处造谣生事，给他人带来心理上的打击。如果在以后的工作中，他人一旦有得罪他的地方，他可能就会把这些当成话料，添油加醋一番，给他人带来名誉上的损害。

5. 脾气暴躁，情绪变化很快，喜欢和别人抬杠较真的人

工作场上，还有一类人，他们专门爱和别人抬扛、唱反调，本来还算比较好的气氛，可能会因为他的好斗使得气氛立马紧张起来。与他人交谈中，经常因为细小的问题争斗起来，甚至喜欢用恶言恶语威胁别人，气势咄咄逼人。一旦与某人结下梁子，他就会处处跟人作对，阻碍别人成功。

现实生活中，“小人”为了达到自己的目的可能会采取很多手段，有时不惜使用一些卑鄙的招术来抵毁别人，从而成全自己。我们只有认清“小人”的面目，才能做到远离“小人”，远离是非。通过上面的介绍，再加上留心观察，相信你也可以轻松识别“小人”。

巧析小人的五大心理

谈到“小人”，在古时通常有两种解释：其一，没有道德的人；其二，身份地位低下的人。现在通常是指没有道德的人。其实，“小人”的身份地位与道德之间确实存在着必然的联系。不可否认，一个人所处的环境对他日后的道德形成有着至关重要的影响。在特定的环境下，人们往往会产生独特的人格特征与心理。本节我们主要从“小人”的心理方面进行分析，以便大家在与“小人”相处时能够更好地了解他们，从而采取相应的措施去应对。

1.“小人”的趋炎附势心理

“小人”的人格特征与生长环境有着很大的联系，由于外界环境的使然，他们通常没有独立的人格，同时也缺少思维能力，在社会中无法准确地找准自己的位置。为了更好地生存，他们往往会巴结一些当权者，希望能够在他们的庇护下更好地生存与发展。所以，在职场中，他们总是在不断地

寻找权势更高的人，然后投其所好建立良好的关系，为自己以后的发展奠定良好的基础。

2.“小人”窥探心理

“君子坦荡荡，小人常戚戚。”“小人”做事时，由于做贼心虚，因此做起事为就格外紧张，会表现出异常的行为举止。为了能够更好地生存和发展，他们总会竭尽所能地讨好自己的领导。除了极尽所能地拍马屁外，他们还会向领导打小报告。因此，工作中，这类人往往窥探心理特别严重。对于身边的同事，他们总会表现出格外关心的样子，以此来打探他人的隐私，然后向领导汇报或记录下来，将来以之为自己胜利的武器。

3.“小人”嫉妒心理

现实生活中，“小人”因为所处环境使得自身心胸狭隘，使得他们对周围比自己能力强的人通常抱着嫉妒心，有时甚至想通过自己的方式把这些能力强的人打败，以期显示自己的才能。他们选择的途径往往不是通过正当的比赛，而是搞一些阴谋诡计陷害有才能的人。

4.“小人”报复心理

生活中的“小人”，为了生活不惜过卑躬屈膝的日子，没有权力时，他们可能会厚着脸皮去求人办事。如果在这过程中哪些人得罪了他们或瞧不起他们，会在背地里使用阴暗的手段来对待。同时，一旦得势，他们势必会打击报复，把那些曾经与自己有怨的人赶尽杀绝。

5.“小人”落井下石心理

由于长期阴暗环境的影响，使得“小人”内心无法接受他人比自己好，所以他们更愿意看到他人比自己还倒霉，那样的话，便可以显得自己能力强。他们不但擅长打击报复别人，而且喜欢落井下石。周围一旦有人遭遇不测，他们便会表现出自己的欣喜之情。对于同事的不幸，他们不是主动地安慰，往往会说一些风凉话，刺激别人，更有甚者，还会在背地里做手脚，以使对方的处境更惨。

6.“小人”看笑话心理

通常情况下，他们对于别人的不幸总是抱着一种看戏的态度对待。如果他人没有什么事情，会令他们大失所望，因此，有时他们也会主动制造一些矛盾和摩擦。他们不惜拨弄是非，颠倒黑白，故意挑拨离间，让他人产生矛盾，让自己可以从中获得快乐。

以上这些都是“小人”的普遍心理，如果在职场上掌握这些，便可以有效地认清“小人”的用心，起到很好的防范作用，在建立良好人际关系的同时，远离“小人”。

分辨下属中的“小人”

自古以来，历史上每朝每代都会出现一些奸佞“小人”，现代更如此，几乎每个公司都会存在几位“小人”。通常情况下，这些“小人”活得比普通人还要滋润。对于很多企业公司来说，上层都提倡老实做人，实在办事，杜绝一切不正之风。然而，由于人性的弱点，每个人都喜欢别人围绕着自己转，把自己当成重要人物来对待，因此许多领导明知某人是“小人”，也会照样对其宠爱有加，这无疑是“小人”生长的肥沃土壤。

也许一些领导会认为这是一种享受，岂不知在这满足与享受的背后潜藏着多大的危机。职场如战场，只不过没有硝烟罢了。为了能够得到更好的生存与发展，每个人都拼命地往前挤，人事上的变动也较为频繁。谁能够确保自己一定可以平步直上，而不会遇到“小人”得势时？到那时，恐怕自己的位子都保不住。事实证明，那些平时喜欢拍马溜须的“小人”，往往是最靠不住的人，他们往日的恭敬从命到头来可能因为你失势而变为反向倒戈。为了避免这种情况发生，领导也应该识得身边的“小人”，消除职场道路上的隐患。所以，如何分辨和防范下属中的“小人”，是每个身处领导位置的人所必须掌握的一门技术。可以从以下几方面做起：

1. 要做到明察秋毫，从下属的言行举止分辨“小人”

前面我们已经分析了“小人”的特征，其中有一条就是善于溜须拍马。在平常的工作中，领导要学会明察秋毫，分析下属的心理。对于那些时时巴结奉承自己的人，要格外留意。为了得到领导的信赖，“小人”们并不会通过自己的工作表现能力，而更多地在于专门打别人的小报告，经常去领导那里邀功请赏，稍微得到领导的肯定后，便会向其他同事表现出自己的权力。

其中也有些人狐假虎威，借着领导的身份专门干一些损人利己的事情。一旦他们与领导关系走近，就会时常打着领导的旗号，指挥下属，且拉拢下属投靠自己名下。如果时机成熟，他便会暗中操作，把昔日的领导整倒，顺理成章地取代他的位置。因而，领导认别“小人”最重要。你只有认清他的真面目，在今后的工作交往中有意地疏离，才能有效地避免这些情况的发生。

2. 针对不同的情况，重点防范“小人”，创造好的工作环境

领导想要创造好的工作风气的话，就要远离“小人”，倡导良好的竞争意识。如果因为你的误用使一些“小人”得到提拔，那么无形之中会让更多的员工都投身到“小人”的行列中去，那样的话，离企业的灭亡也就不远了。因而，在工作中要明辨是非，不偏信“小人”，对于他们所说的话，要认真分析思考，且善于听从众人的心声。对于“小人”，即使他再懂得拍马之术，也不能提拔重用。对于那些经常投机取巧的人要区别对待，适当情况下，可以采用放长线、钓大鱼的手法，给他表演的舞台，等到他原形毕露时，揭穿他的真面目。

同时，对待“小人”不能心慈手软，有时，可能因为你的一时心软，为今后带来后患。因此，必要的时候要在众人面前揭穿他的把戏，打击他的阴险意图。

想要成为一个成功的领导，不仅需要慧眼识英，更应该识“小人”。只有分清身边的“小人”，做好防范工作，才不会让其有机可乘。只有每一个领导都能够做到这一点，职场才能处于一种公平竞争的状态，从而发现更多的人才，创造更多的价值。

打赢应对“小人”攻坚战

职场中，我们不得不与各色人等打交道，其中不乏一些“小人”。也许你曾经或正在被“小人”所累。面对这些可恶的嘴脸，你可能感到气愤，却束手无策，因而失去了工作激情。其实，工作中的“小人”并没有想象得那么可怕。只要掌握一些妙招，你也可以在与“小人”的交往中做到轻松自如。

俗话说，一种米，养百种人，最难养的是“小人”。想要在与“小人”的斗争中取得胜利，首先要保持良好的心态。工作生活中，“小人”之所以得逞，往往是因为我们控制不好自己的情绪，从而被那些“小人”抓住弱点，被其利用。因此，在与“小人”的斗争中，我们要做到心平气静，以不变应万变，只有这样，我们才能保证在这场斗争中扭转战局。

那么，当我们在职场中遭遇“小人”时，怎么做才能赢得这场战斗的胜利呢？具体分析如下：

1. 划清界限，与之保持适当的距离

“小人”之所以为“小人”，主要是因为他们的办事原则与常人并不相符。

在君子看来不齿的行为，却通常是他们的行事指南。为了能够在职场中更好地生存和发展，与“小人”交往时，保持敬而远之的态度，与他们保持适当的距离。只有在保持平淡的表面关系下，才能避免各种是非。如果你把“小人”当朋友，等到他翻脸的那一天，一定会给你来个措手不及。同样，也不能太疏远，要知道“水至清则无鱼”的道理，如果你事事都表现出明显的反对、不齿的态度，只能引起那些“小人”的不满，到头来只会惹祸上身，令自己成为“小人”的首要攻击目标，因而，态度适中、距离适当最关键。

2. 对于闲言碎语，保持中立的态度

“小人”总是喜欢于闲暇时在背后道人长短，以制造、传播谣言为乐。遇到这类人时，我们最好保持沉默的态度，不参与其中。如果被逼着发表自己的意见，我们可以说一些无关紧要的话，或另找新的话题，巧妙地化解当前难题。职场中，一定不能经常在他人背后说长道短，要知道，你今天的一句附和的话，将来可能会为你带来很大的麻烦。

3. 遇到特殊情况，可以适当地反击

如果你刚到一个新的环境下工作，而其中有一些人以自认为资历较高，对你总是百般挑剔，虽然你已经告诉自己凡事要学会忍耐，可他好像总是把矛盾对准你——这种情况下，如果你已经对他客气了，他还是这样，就没有必要继续忍下去。也许你的忍气吞声让他以为你好欺负，这个时候不妨予以适当的反击。要清楚明白地告诉他，虽然你的资历没他老，但是能力与经历未必就会输给他。这种反击，可以体现在语言上、工作成绩上，让他对你更加了解，当你把自己优秀自信的一面示人时，相信以后他也不会对你另眼相看了。

4. 如果你还击仍无效果，请领导出面主持公道

在与“小人”的斗争中，面对那些老江湖，你可能还显得稚嫩一些，所以，你不妨把事情向领导反映一下。有时候，领导并不想参与到下属的纷争中

去，但上司的存在不就是为了更好地团结下属，为良好的工作创造条件吗？也许你会觉得这种“打报告”的做法不光明，但是要明白你的对象是“小人”，你有义务替自己伸张正义。如果上司明显黑白不分，袒护“小人”，相信这样的公司肯定不会发展得足够强大，那么你还有必要强留在这里吗？

遭遇“小人”并不可怕，只要掌握方法，在与他们斗志斗勇中，你一样可以做到轻松自如。把眼光放远一些，你就会发现，这些“小人”的存在可以为我们繁忙的生活增添几许变化，会让我们的生活变得更加丰富多彩。

察觉男人中的“小人”

当今这个职场，男人占了一多半的位置，当然，在这一多半的数量里，肯定不乏“小人”存在。那么如何能够察觉男人中的“小人”，从而有效地防范和远离呢？我们首先要弄懂男人中的“小人”都有哪些种类，以便于在以后的工作中将他们对号入座，认清他们的真面目。具体分类有以下几种：

1. 善于投机，擅长“小人”之术的人

这里指的“小人”并不是指那些身份地位低下的“小人物”，而是指那些专门使用一些卑鄙手段达到自己目的的“小人”。古往今来，这些“小人”都有很大的作为。他们混迹于正人君子行列，专门做一些借刀杀人、偷鸡摸狗之类的事。与他人交往时，他们明知自己的力量斗不过别人，因此，他们便专门利用人性的弱点，暗地里使坏。有时候，他们会栽赃陷害与自己有过节的人，借助于别人的力量除去自己成功路上的绊脚石。为了达到自己的目的，他们可能不惜使用各种损招。

2. 坐享其成，专门占有别人成果的人

这种男人往往只注重自己的吃喝享乐，但通常自己并没有丰富的物质条件。为了让自己生活得更好，他们会专门窃取人家的成果，来满足自己的物质及精神生活。这类人通常都有很强的占有欲，只要是自己看中的东西，他们便会千方百计地弄到手。有时候为了达到自己的目的，他们会抱着玉石俱焚的心态。这类人的破坏力较强，只要是自己想要的东西，如果自己得不到，那么他人也别想得到。

3. 行为下流，专门针对女人下手的人

如果你经常关注新闻，就会发现出现过很多的猥亵案件。这种人平时总是装出一副正人君子样，背地里却总干些见不得人的勾当。为了满足自己的私欲，不惜牺牲他人的利益，如果发现有利的时机，就会毫不犹豫地把魔掌伸向那些无助的儿童和少女。虽然他们有时候把自己包装得很严实，岂知天网恢恢，疏而不漏，总有一天，他们的恶行会被曝光。他们往往思想下流，作风龌龊，因此，尤其是女性与之交往时，要提防被他伤害。

4. 专门拈花惹草，游戏于花丛中、无责任感的人

这类男人虽不像那些猥亵男一样令人深恶痛绝，但也并不是什么正人君子。虽然爱美之心人皆有之，但是他们总喜欢四处招惹人，爱情对于他们而言就像是游戏。他们总会把目标定向于从未到手的女人，且会想尽办法接近。那些涉世未深的少女，很容易成为其战利品。一旦到了自己玩腻的时候，就会另觅新的目标。他们通常精力旺盛，有钱，且多情，如果想要在他们身上找到爱情，无异于痴人说梦。

我们说这么多，并不是针对男人的缺点进行故意的打击，也并没有不尊重男人的意思。金无足赤，人无完人。每个人都有缺点，但是君子总会努力改正自己的缺点，而“小人”却总是有意地运用自己的缺点来取得成功，这就是君子与“小人”的区别。指出这些“小人”的形象，旨在教给大家如何认识男人中的“小人”，对于女性朋友，尤为重要。你只有看清这些“小人”的嘴脸，与之交往时，才能做到心中有数，事先采取防范措施，从而

有效的减轻受伤害的程度。

认清生意场上的“小人”

在我们的周围，“小人”无处不在。俗话说，“害人之心不可有，防人之心不可无”。职场上的“小人”就在我们身边，相处久了，大家也都会了解其为人处世，因而不会给我们带来什么太大的损失。但生意场上就不同了，有很多时候，大家只是见过几面而已，如何能识别“小人”，避免生意场上上当受骗，便显得尤为重要。巴尔扎克曾说过：“傻瓜旁边必然有骗子。”这句话倒不是说凡是受骗的都是傻子，但是人之所以受骗，则必有原因可循。或者说，是因为受骗的人警惕性不高，才会上当受骗。

骗子从古到今都有，如今手段更高明罢了，想要在生意场上保持高度警惕，识破骗局，需要我们擦亮慧眼，认清生意场上的“小人”，如此才能从根本上解决问题。

地产业在香港可称最大的交易。一次，内地某金融公司到香港与某大厦卖主接触，想购买此大厦。刚开始开价是 1.78 亿港元，该金融公司认为偏高，经过几次洽谈，双方各持己见，于是商定第二天下午继续谈判。次日，当双方在会客室商谈之际，几个大亨打扮的人走进来，神秘地与楼房卖主商议着什么，隐约可听到将楼房价格升到 1.8 亿元成交。卖主将来人打发走后，对金融公司人员说：“刚才说的话，你们可能听到了，他们开价 1.8 亿我都不答应，而给你们 1.78 亿，这是考虑你们是祖国亲人，我们应表示点爱国心。”因为该金融公司早听说有买楼房被诈骗之事，所以看到港方的活动后仍不为之所动。经事后了解，来的几个大亨，原来是卖主一方的人，这是他们为了诱骗该金融公司上钩设的计谋。

生意场上，有正人君子，亦有奸诈“小人”，因而做事切不可用君子之心去对待他人。如果你因为贪图便宜或者抱着其他的想法而放松警惕，其结果很可能会让你损失惨重。与重要客户合作前一定要先摸清对方的底细，头脑不能过于简单，应冷静地观察对方的一举一动。对于那些奸诈的“小人”，即使他们伪装得再好，必定会露出一些破绽，只要留心观察，一定会从中找到蛛丝马迹。那么，生意场上，应该如何做才能避免上当受骗的情况发生呢？

1. 保持清醒的头脑

俗话说，商人无利不起早，生意场上全在一个“利”字。尽管如此，也万万不能被“利”字熏晕了头脑。在金钱面前要保持冷静，如果你一开始就被对方的条件所诱惑，那么还能看到前面布好的陷阱吗？

2. 重事实，轻感觉

可能当前你所准备合作的客户给你开出了很好的条件，并且说得天花乱坠，对此，你必须先验证对方的真实身份再作决定。做生意重视客观事实，等把对方的情况都摸清楚了，你再考虑合作也不迟，切忌头脑冲动，单凭感觉对方可信就轻易签订合约。

3. 秉承先“小人”后君子的原则

面对复杂的社会，我们不能总是以君子之心去衡量别人。无论多厉害的客户，你也要先把条件讲清楚，既不轻信对方花言巧语，也不能因贪图小恩小惠而随便给予承诺，凡事都应该把不好的情况考虑进去，不见兔子不撒鹰，不要一时心慈手软便答应对方的要求。

与客户交往中，只有严格遵循这些原则，与他们交易时事先做好思想准备工作，才能有效地防止上当受骗。只要提高自己的识骗和防骗能力，我们便可以认清客户中的“小人”。

谨防自己的功劳被抢走

李霞和丁凯是一家公司的活动策划。年终时，公司搞推广策划评比，每个人都可以拿出自己的方案参加比赛，最终优胜者有奖。为了能够在这次比赛中成功，李霞对这次活动做了深入调研，加上平时对市场工作的观察思考，很快便策划出一个非常出色的方案。到方案征集截止日那天，李霞充满信心地把自己的策划案上交到主任那里去。第二天，在评选会上，大家依次轮流发言，信心满满的李霞听到丁凯的发言时，顿时感到目瞪口呆，为什么他的策划案和自己的一模一样？昨天，她明明看到丁凯的策划案并不是这样的，顿时，她明白过来，一定是主任搞的鬼，平时丁凯就和主任走得很近。面对这样的情形李霞不知所措。她不敢把自己的方案说出来，也不敢当那么多人的面替自己申诉，因为她资历浅，怕以后的日子不好过，所以她选择了忍气吞声。

在职场调查中，很多人都碰到过李霞这样的遭遇，且绝大多数都选择忍气吞声。因为他们害怕来自“小人”的报复。也许有些人会觉得“李霞们”太软弱，要是自己的话就一定会奋力反抗。其实，职场中碰到被他人抢功劳是一件很普遍的事情，只要方法得当，你就可以为自己争得应有的权益，关键是看你如何去做。

社会竞争激烈，为了得到更好的发展机会，总有一些“小人”喜欢把别人的功劳占为已有。这些人，有时他们职位较高，所以大家敢怒不敢言，害怕如果说出去可能会遭到报复，甚至丢掉工作。通常情况下，很多人都会选择忍气吞声，无形之中也会助长了这种歪风邪气。那么，当职场遭遇抢功时，应该如何做才能在保护劳动成果时，又不至于受到威胁？可以从以下几个方面做起：

1. 保持头脑冷静，准确地分析当前局势

当职场遭遇抢功时，有些人表现得过分激动，会当场怒骂“小人”。其实，这种做法十分不可取。一方面不利于今后工作的开展，另一方面降低自己的身份，给他人带来话料。这样说，并不是一定要你忍气吞声，遭人欺负而不反抗。既然没有有利的证据，不妨先分析当前形势，如果“小人”的背景很大，你就是再闹也无济无事。如果敌我势力相当，你可以向高层领导反映情况。

2. 主动礼让一步，但要向对方表明态度

有时候，对方背景较强，虽然我们不能当面驳斥，但是也不能吃闷亏。只有与对方正面交锋，才能表明你的态度。你可以主动前去祝贺，然后捎带一句“为什么觉得你的作品那么眼熟，一时想不起在哪里见过”之类的话，让对方明白你也不是吃素的，不要一味忍让，免得让他得寸进尺。相信，你的表现会让做贼者出乎意料，下次若再动这种念头时一定会三思而后行。

3. 当你已做到仁至义尽，可以采取“小人”手法，出其不意地取胜

如果对方一再抢你的功劳，那么，你也没必要客气。俗话说，你不仁，我不义。你可以私下里找到更高层的领导，说明这些成就都是他苦苦哀求你才得来的，你本想他会给你留一点，结果他统统抢走了。此时，领导一定会同情你，他的结果肯定不会好到哪里。

当遭遇抢功时，运用机智的手法获得胜利才是关键。虽然他可能一时得志，但事情总有水落石出的那一天，到时他可能更难堪。相反，你的宽容大度，会为你赢得更多的支持。

第十一章　对症下药，轻松赢得领导信赖

人的一生中有大部分时间都耗费在工作上，不管你是否愿意，这都是无可避免的事实。随着社会竞争日益激烈，就业压力变得越来越大，为了保住自己的工作，大家不得不使尽浑身解数。如何让自己的努力得到老板的认可，让自己得到老板的重用？这都是必须考虑的问题。如果你能够准确地把握领导的性情，做到知己知彼，那么就可以对症下药，轻松赢得领导的信赖。

听懂领导的话中话

在一个公司或一个企业中打拼，自身能力可以决定工作成绩，也会影响职位的升迁和人际关系。然而除了自身的业绩和能力之外，领导的赏识也是很重要的一点。有些人工作能力平平，却符合领导胃口，更能够从领导的言语和行为中透析领导的思想，这样深得领导精神的人怎么能不被领导看重呢？相反，那些只知道埋头苦干的人，又有几个真的能够一升再升呢？领导不光是管理一个公司，更多的是和大家打交道，需要的不仅是能力，更要有灵活的头脑和良好的反应协调能力。

林芬是一家合资企业的人力资源主管，在较短的时间内凭借自己的实力赢得了上司的赏识，这得益于老板和她的一次谈话："那一次老板和我谈话，他先是夸奖了我的业绩不错，认为我可以担当更重要的职位，然而又说最近行业不景气，利润比去年下滑得厉害，最后就问我：如果我做部门主管会不会考虑裁员。当时我愣了一下，随即摇摇头，因为很多同事都

一起出生入死的。记得当时老板脸色有点变了，后来，我的同事升了部门主管的职。事后我才想清楚，老板的意思就是想裁员，如果我不是凭个人感情用事，而是站在企业发展的角度去考虑，那么升职的就会是我。”

有了这个教训之后，林芬遇事多了一些思量，在不违背自己做人原则的基础上，也开始学着听老板的话中话。

有一次老板要去国外出差，在此之前他问林芬：“你的英文和老外交流没问题吧？”虽然她对英语不那么自信，但她听懂老板的潜台词就是，如果可以的话就和他一起去欧洲，于是她当然就说没问题，果然，林芬获得了这次出差的机会，而英文上的不足她就回家恶补。

和老板一起在瑞士的时候，他们拜访一些老客户，老板对其中一位客户的产品明显很感兴趣，但价格有一点高。他用咨询的口气问林芬，林芬给他的回答是很不错，值得购买。其实林芬知道老板已经做好了买的决定，他问只是确定一下，而且，以她的观察，那家公司的确是一个很好的合作伙伴。果然，老板兴高采烈地和这家公司签约了。

此时的林芳，听着老板的话，联系他前面的话语，看着他的表情，她就能知道他话外之音是什么了。回国之后，她升上了主管的位置。

林芬第一次和老板面对面谈话，没有注意到领导话中的真实意思，从而失去了一次唾手可得的升职机会。当她发现自己的错误之后，及时纠正了自己，她开始对领导的话仔细领悟，并且成功地获得了领导的青睐和一次又一次表现自己的机会。林芬是一个聪明的女人，这样细腻的心思是值得我们每个人学习的，工作不仅仅是埋头苦干和老实本分，有时候，适当地表现自己，为自己争取机会，乃至于认真揣摩领导的心思都是十分重要的。

想要听懂领导的话中话，就要注意领导平时的说话习惯和风格，更要明白领导此时说某些话的语气和用意是怎样的，下面这几句话中潜藏的真实意思，如果是对你说的，你能听出来吗？

1. 你的报告做得很完美，只是语法上出了几个小错误。

真实意思：难道你脑子进水了，竟然犯这种幼稚园水平的低级错误？

2. 你是个很 nice 的人，与你合作的人都很称赞你的人品，出现的一些小问题也不能抹杀这个突出的优点。

真实意思：你非常没有原则，是个滥好人，别人说你好不代表你业绩就好。

3. 与你共事真的能学到很多，特别是在人际交往方面，我再怎么努力也是望尘莫及了。

真实意思：你的那些小算盘我根本就不屑一顾，别以为我真的会听你那些“忠告”。

4. 你与莉莉是不同的，她比较细致你比较爽朗，若我是你朋友我一定很欣赏你的性格。

真实意思：可惜我只是你同事，不是你朋友，天知道什么样的朋友才能忍受你大咧咧的脾气。

5. 你的创意总是那么天马行空，不落俗套，我想自由职业一定更适合你。

真实意思：我已经不能再忍受你的奇怪想法，赶紧卷起铺盖走人。

当然，学会听懂老板的话中话，并不是做“职场走狗”，有些做人的底线、职场的规范还是要固守的。只是如果你养成了这种揣摩领导言语的习惯，就能随时随地讨得领导欢心，那么受重视的机会也会大大增加，升职加薪的机会也就更多了。

摸清领导的脾气

身处职场之中，对领导的察言观色肯定少不了，每个人都有自己的脾气秉性，如果不小心应对，很可能一两句话就为自己惹上失业的麻烦。因此，摸清领导的脾气，知道领导何时会发脾气，怎样发脾气，怎样平息他的脾气，甚至哪些事会让他发脾气，哪些事能够让领导心情大好，这里面都有很大的学问。

慈禧爱看京戏，常以小恩小惠赏赐艺人一点东西。一次，她看完著名演员杨小楼的戏后，把他召到眼前，指着满桌子的糕点说："这一些赐给你，带回去吧！"

杨小楼叩头谢恩，他不想要糕点，便壮着胆子说："叩谢老佛爷，这些尊贵之物，奴才不敢领，请……另外恩赐点……"

"要什么？"慈禧心情高兴，并未发怒。

杨小楼又叩头说："老佛爷洪福齐天，不知可否赐个'福'字给奴才？"

慈禧听了，一时高兴，便让太监捧来笔墨纸砚。慈禧举笔一挥，就写了一个福字。

站在一旁的小王爷，看了慈禧写的字，悄悄地说："福字是'示'字旁，不是'衣'字旁的呢！"杨小楼一看，这字写错了，若拿回去必遭人议论，岂非有欺君之罪？不拿回去也不好，慈禧一怒就要自己的命。要也不是，不要也不是，他一时急得直冒冷汗。

气氛一下子紧张起来，慈禧太后也觉得挺不好意思，既不想让杨小楼拿去错字，又不好意思再要过来。

旁边的李莲英脑子一动，笑呵呵地说："老佛爷之福，比世上任何人都要多出一'点'呀！"

杨小楼一听，脑筋转过弯来，连忙叩首道："老佛爷福多，这万人之上之福，奴才怎么敢领呢！"慈禧正为下不了台而发愁，听这么一说，急忙顺水推舟，笑着说："好吧，改天再赐你吧！"就这样，李莲英帮二人解脱了窘境。

姑且不论其人品，像李莲英这样善解人意、机智灵敏的下属怎能不得到赏识呢?

在古代，无论是各朝君主，还是王公大臣，其周围都有许多精明能干的辅助者，他们善于察言观色，更知道如何揣摩人心，深切地了解这些权贵的心理，因此，无论遇到怎样的政变和混乱，他们都能够化险为夷，跨越两个朝代的封伦便是这样的“英雄”人物。

封伦本来是隋朝的大臣，隋朝开国不久便灭亡了，他归顺了唐朝，便又要揣摩新的主子了。有一次，他随唐高祖李渊出游，途经秦始皇的墓地，这座连绵数十里、地上地下建筑极为宏伟、墓中随葬珍宝极为丰富的著名陵园，经过楚汉战争之后，破坏殆尽，只剩下了残砖碎瓦。李渊不禁十分感慨，对封伦说：“古代帝王，耗尽百姓国家的人力财力，大肆营建陵园，有什么益处！”

封伦一听这话，明白了李渊不赞同厚葬，这个曾以建筑穷奢极侈而自鸣得意的家伙立刻便换了一副面孔，迎合他说：“上行下效，影响了一代又一代的风气。自秦汉两朝帝王实行厚葬，朝中百官、黎民百姓竞相仿效，古代坟墓，凡是里面埋藏有众多珍宝的，都很快被人盗掘。若是人死而无知，厚葬全都是白白地浪费；倘若人死而有知，被人挖掘，难道不痛心吗？”

李渊称赞他说得太好了，对他说：“从今以后，自上至下，全都实行薄葬！”

一个优秀的揣摩高手，不但要能够了解上级的喜好和心理，更要会灵活应变，结合对方所处的环境和人事关系来进行思考。无论是李莲英还是封伦，无疑都是个中高手，抛开他们对历史的作用，他们的言语和行为是当今社会的我们应该认真学习的。

我们在人际交往中，肯定会遇到各种类型的情况和各色各样的人，在一些场合，我们可能会听到老板毫不客气的批评，这时候该怎么办呢？千万不要不假思索地争辩，更不能反唇相讥，激怒领导，最好是顺水推舟，摸清领导现在的心情和心理，然后顺着领导的意思承认错误，或者表明自己的立场，这样既给足了领导面子，照顾了领导的脾气，也能够使自己比较容易摆脱尴尬，从而重新得到领导的赏识。

开会的风格就是领导的性格

初入一家公司，你还不了解领导的性格特征，如何做能够得到领导的重视，使自己在今后的工作中脱颖而出，是每一个职场人都很关注的话题。当然，如果能够掌握一些心理洞察术，便可以从一些细节中轻松地了解领导的性格特征。也许有的人会说，我们平时根本没有什么机会跟领导打交道，要怎么做才能洞察领导的心理呢？不用担心，就是公务再繁忙，你的领导总会参加会议。只要能够抓住会议上的细节，你一样可以掌握领导的心理。

任何一个公司都会开一些大大小小的会议，如果你能够细心观察，一定会发现，不同性格的领导开会时的风格也会不同。本文我们主要介绍从开会风格来判断领导的性格。

1. 主持会议时，表现出温文而雅

这种类型的人，往往性情平和，做人谦虚谨慎。他们在会议上表现出温和的性情，能够畅所欲言，对于问题可以发表自己的看法。他每天的穿戴不一定都是品牌货，但是一定整洁干净；他的言语不一定华丽，但一定是温和动听。对待工作，这类领导总能拿捏得很好；对待下属，这类领导总能平易近人。面对这样的领导，员工根本就不用紧张。在这样一个温馨的环境下，员工也没有别的选择，跟着这样的领导，只会更加努力地工作。

2. 主持会议时，采用独断专行方式

这种类型的领导，多数有较强的自信心，或者是身份、地位和能力都非一般的人。他们的内心深处比较固执，较强的自信心使他们对周围的事物都能做到心中有数。无论遇到什么问题，他们都会泰然处之，面对来自外界的反对意见，往往不会采纳。他们通常只要求下属执行命令就可以了，不会采纳下属的意见。

3. 主持会议时，鼓励下属最大限度地介入和参与决策

这种类型的领导，重视下属的能力和知识经验，让团体成员了解工作的目标、内容和程序，并让成员有一定的工作自主权。他们以自己的人格和心理品质影响团体成员，与团体成员之间社会心理距离很近，双方是民主与平等的关系，能够互相尊重；由于团体成员积极参与，因而表现出的主动性、创造性和满意感较高；在团体成员之间，有较多的人际沟通和交流的机会，因而减少了团体内部的紧张与冲突，人际关系协调，合作性较强；这种团体具有较强的稳定性和凝聚性。

4. 主持会议时，把权力下放给每一个团体成员，采取无为而治的态度

这种类型的领导对工作缺乏积极性和主动性，缺乏个人远见，毫无组织性和纪律性；团体活动只达到社交目标，而达不到工作目标；工作效率很低，人际关系混乱。

察上司小动作识其对下属的意图

身在职场，如果能够处理好与上司的关系，得到上司的重用，无疑对我们的前途大有帮助。因此，想成为一个成功的职场人士，就要学会认清上司的态度。如果能够从上司的小动作中了解上司的心理，准确识别上司

的意图，就有利于工作的开展。

1. 与上司说话时，他把目光放在遥远的地方，且微微点头。这是个非常糟糕的信号。表明当前他对你所说的话及所做的事情根本没有任何兴趣，他只想要你按照他的意思来办事既可。

2. 与上司交流时，他只是低头看自己的事情，根本不抬头看你一眼。这也是一种不好的信号，表明当前他无视你的存在，有可能从心理对你感到反感，或者是否定你的能力。

3. 与上司交谈时，他的目光久久盯着你。这表明当前他正在期待你的进一步表述，以图唤起你心目中的印象。

4. 上司用一种坦率和友好的目光看着你，表明当前他很喜欢你的为人和处事，对你的能力认可，即使你不小心犯了什么错，也能得到他的谅解。

5. 上司目光锐利，表情如一，盯着下属看，似乎想把对方看穿。这种目光代表了他的权力和优越感，以图用目光让对方主动交代当前心理。

6. 上司从上往下看下属，这是居高临下的优越感的表现，表明这种上司通常傲慢自负，他们很喜欢支配自己的下属。

7. 上司偶尔把目光向上看一眼后，在短暂的目光交流后，继续把目光向下看。表明当前他还不能拿得准对方的心思。

8. 上司在交谈中，双手合掌，且从上往下压身体起平衡作用。这种动作表示他想平静心情，舒缓当前的气氛。

9. 上司站立起来，双手叉腰，且肘弯由内向外撑，这种人体语言往往表明当前上司遇到有关权力问题，这种姿势往往是一些好发号施令者常用的一种姿势。

10. 上司坐在椅子上，然后双手放在后脑后，身体向后靠，且同时双肘向外撑开。这种肢体语言一方面表明当前上司正处于放松身心的状态，同时也可能表明他的自负心理，这需要具体分析来看。

11. 谈话中，上司把食指指向对方，表明当前他内心的优越感，同时也可以反映他的好斗心较强。

12. 上司一边说着，一边拍下属的肩膀，这里主要根据所拍的位置分开分析。若是从侧面拍打表明从心里认可和赏识此人；如果是从正面拍打，则表明向他人示权或小看对方。

13. 上司谈话中，把手握成拳头，这表明他力图通过自己的肢体语言来吓唬他人，以此来维护自己的观点。如果他用拳头敲击桌子，表明当前情绪很激动，以此来阻止他人发言。

14. 如果上司一面和你招呼，同时眼睛看向别的地方，周围还有人在小声说话，表明你的来访打断了上司正在讨论的事情，虽然他接待着你，但是心里还惦记着刚才的事情。

15. 与上司交谈中，忽然门铃或电话铃声响起，上司起身回应的话，你要主动中断当前的谈话，让上司有时间来接待当前的来人或电话，不能继续讲下去。

生活中，与上司交流的时候，还会遇到其他一些细节动作。在与上司的交往中，既要保持自己的原则，同时要学会察言观色，见机行事。准确地把握上司的意图，主动地做出改变，在一定程度上可以改变自己在上司心目中的印象，有利于保持双方间的良好关系。

小细节可判断领导是否欣赏自己

社会竞争激烈，为了能够在职场更好地发展，许多人费尽心机与自己的上司搞好关系，希望能在职位和薪水上有所提升。但是，并不是所有的人只要努力了就可以得到领导的另眼相待。如何从领导的一言一行中洞悉领导的态度，怎样判断领导是否欣赏你？要想知道领导对你的态度，其实并不难，只要认真观察一定能够找到答案。

判断领导是否欣赏你，可以借鉴以下几个方面：

一、从语言上判断领导的态度

1. 语气上看领导态度

如果平日里你的领导对其他人说话总是一副公事公办的样子，而和你沟通时他总能放松身心，用一种聊天方式与你交流，那么，表明在领导的心里更多的是把你当成朋友。能够与领导成为朋友的人，那他的身份肯定不会太低，你在他心里有较高的位置。

2. 从谈话内容上分析领导的态度

工作中，如果领导与你沟通的时候，经常与你谈一些前途、发展之类的话语，激励你继续努力，则表明他很看好你的将来。他认为，你目前的状况只是一时，如果你能够努力，一定会有更好的发展。

二、从动作上判断领导的态度

1. 与领导一起时，他看你的眼神友好而坦率，则表明他对你的能力十分认可，你的说话做事很符合他的思想，他的内心很欣赏你的能力与处事风格。

2. 与领导谈话结束时，他会拍拍你的侧肩。这种动作在生活中经常可以看到，代表的是对某人的承认和赏识。当某人对他人怀着期望的时候，他会用自己的手轻轻地拍拍对方外侧的肩膀，以示鼓励。这时候，他仿佛在说："努力吧，我相信以你的能力一定会做得更好"或者"我看好你"。

三、从其他细节上看出领导的态度

1. 从领导任务的安排上可以看出。如果你的领导在安排一件事情的时候总会先考虑到你的看法，征求你的意见，则表明他对你比较看重，认为你一定会给他一个满意的答复。当然，这里不排除另一种情况：有的时候，领导与某人有过节，可能会专门找一些事情给某人做，然后等到最终完不成的时候，就对其提出严厉的评批。但通常这种情况很容易判断。

2. 领导有意和你走得太近。在遇到一些特殊情况时，领导总会把你考虑进去。比如，领导委婉地约你一起去外出运动，遇到一些可以外出学习的机会，他也会把你考虑进去等。这些都可以看出领导对你的特殊感情。

3. 从他人对你的态度上，也可以看出领导对你的态度

如果你发现周围那些原来很瞧不起你的势利小人忽然一夜之间又把你捧在手上，那就表明你在领导心中的地位肯定比以前高了。特别是那些以前根本没把你放在眼中的小领导，突然变得对你热情有加，那么可以肯定你的上司肯定已经在他们面前明显地表现出对你的赞许或认可。

其实，想要判断领导对你的态度很简单，只要观察领导的言行举止就可以一目了然了。总的来说，如果一个领导对你表现出赞赏的话，更多的时候他会对你表现出超出常理的关注。只要在工作中留心观察，就一定会有所发现。

对待下属失误的态度展示领导本性

人非圣贤，孰能无过。不管怎么说，人的一生中都会不可避免地出现这样那样的错误。人不仅在生活中会犯错，工作中也同样会犯错。当然，如果是在生活中犯了错误，可能没有太多人会去责备我们，但是如果工作时犯了错，就可能会受到领导的责备。不同性格的领导在对待下属所犯的错误时，也会表现出不同的态度。透过这些不同的态度，我们可以看到一个个性格各异的领导。那么，如何从领导对待下属的错误上来观察领导的性格呢？具体分析如下：

领导面对下属所犯的错误通常会有以下几种台词和表现形式，我们可以从这些方面入手：

1.“你这个人怎么这样笨，让你办点小事情都办不好，你还能办成什么！”

这种领导在对待下属的错误时，喜欢否定对方以前所有的功劳，把所有的过错都推到下属的身上。这种类型的人往往自尊心很强，觉得自己能力很强，什么事情在他看来都不值得一提。如果下属犯了错，他会先把自己排除在外，只要失败了，都与自己无关，一旦成功，那肯定离不开自己的努力。有时他们表现得有些自私，只考虑到自己的感受，经常忽略掉对方的感受，认为下属理所应当为他们服务。

2.“没关系，出现这个问题，我也有责任，只要以后改正就没事了。”

这种类型的领导通常性情温和，他们会把别人的感受放在第一位。工作中，他们会与员工建立一种良好的关系，使得员工从心理上对他产生佩服之情。这种善于和下属一起承担错误的领导往往有较丰富的知识，无论走到哪里，他们都会以自己的人格魅力打动他人。

3.“这样啊，你应该深刻认识到自己的错误，争取在以后的工作中改正过来。”

这种领导与前者有相似的地方，那就是对待下属的问题他们能够正解地看待，喜欢就事论事，不会因为一次的错误就把别人的整个成就给抹杀。但是不同之处在于，与下属交往中，他们会与下属保持一定的距离，营造自己的优越感，更多地让对方主动对其表现出一种尊敬。他们中多数都有较丰富的文化知识，性格偏向于理智型。他们既不会一味地责怪下属的过错，同样也不会主动替下属承担错误，一旦势态严重，他们很有可能舍弃下属，以保住自己。

在实际工作中，如果能够通过这些言语和行为准确地掌握领导的性格特征，有利于我们以后工作的顺利开展；同时，你还可以采取相应的措施，有针对性地作出一些改变，以符合领导的要求。

工作习惯体现领导的行事作风

从某种程度上说，领导在我们的日常工作中起着极其重要的作用。领导不仅决定着我们工作的内容，还左右着我们的晋升与去留。如果你想要与领导合作顺利，就需要先了解领导的处事风格。

也许有人会说，我们每天都忙着工作，根本没时间去了解领导的性格。其实，只要认真观察就会发现，每一位领导都有不同的工作习惯。看似平常简单的工作习惯背后，折射出的是每一位领导的行事作风。因此，想要准确了解领导的行事作风的话，可以从他平日里的工作习惯入手。只要能够做到细致认真，那你也可以从中找到蛛丝马迹。

大体上领导的工作习惯可以分为以下几种类型：

1. 做什么事情都喜欢一次完成，不喜欢拖拖拉拉

这种类型的领导通常定义为结果型领导。他们往往属于急性子，且做事说话讲究一针见血，不喜欢藏头藏脑。这种性格的人做事注重事情的重点和结果，喜欢把事情做得条理分明。他们的典型特点就是“忙”。无论什么时候，你见到他都能看到忙碌的身影，只要手头上有事要做，他们会争取把这些都处理完才去休息。

与这种类型的领导相处的时候，你要明白，无论做什么事情都要脚踏实地，对于他分派给你的任务，最好能够准确细致地完成，且要突出事情的重点和结果。如果在工作中遇到什么问题，要做到及时与他沟通，争取尽早解决问题。

2. 做事追求完美，为了得到最理想的结果喜欢三思而后行

这种类型的领导属于细节型领导，他们最大的特点就是做事追求完美。因为在他们看来，对待工作要像对待“艺术品”一样，立求做到精益求精。日常的工作中，他们无论大小事情都会做到系统化、程度化，一切都有条不紊。与结果型领导相比，他们更关注事情的细节问题。有时，他们为了能够使事情做得更完美，会花费很多时间在思考上，因而“善思”是这种类型领导的处事风格。

与这种类性的领导相处之道是：首先，做事中规中矩，力求让事情办得更完美。其次，要把目光放在细节上，如果可能，可以多与他们进行精细、全面的书面沟通。最后，做事前要想好再行动，争取一次完成，否则，只会让他们觉得你只是一个有勇无谋的人。

3. 做事大大咧咧，不讲究章法，只要事情办成即可

这种类型的领导往往性格豪爽，他们不会过于计较下属的做事风格。有时他们会欣赏办事细致的下属，但是对于那些不拘小节的人，他们也不会反感。他们往往性格外向，对于那些过于程序化的表面文章，并不会过多讲究，更看重的是下属的工作能力。

与这种类型的领导打交道时，你只要大大方方地工作，尽自己的能力把事情办成功就可以了。没必要为了故意讨好领导而非要把自己变成什么样的人。因为在这种类型的领导眼中，能力胜过其他的东西。

4. 做事优柔寡断，听到他人的建议，一再改变工作思路的领导

这种类型的领导，往往具有多谋少断的特点，做事缺乏果断。他们的判断容易受外界的影响。有时虽然是已经定好的决策，但只要别人提出一点修改意见，就会让他们马上改变初衷，然后让下属不断地重新来过。与这种领导打交道时，你只要在让他于心中确保自己的地位同时，和他商讨一些决策，要帮他下决心，然后设法让他们能够坚持下去，那样的话，你

的工作就会轻松许多。

细细分来，还有许多不同类型的领导，与不同行事作风的领导在一起，有着不同的相处之道，无论哪种类型的领导都逃脱不开“做事”和“做人”的范畴。只要弄清楚了领导的做事风格，然后尽可能改变自己的工作习惯，使其符合领导的要求就可以了。相信只要把“做事”和“做人”都搞定了，你也就不用再担心与领导相处不好了。

第十二章　见招拆招，生意场上尽在掌控

识人难，识人心更难！生意场上更是如此。在金钱和利益的驱使下，人们为了达到自己的目的，总会想尽一切办法。想要在陷阱密布的生意场上识破对方的诡计，从而赢得最后的胜利，这就要求你要有一双慧眼，能够在与客户接触的较短时间内，准确及时地洞察他人的内心，从而作出正确及时的判断。只有这样，才能在获得利润的同时避免上当受骗。

生意人性格面面观

所谓知己知彼，方能百战不殆。想要成功地做生意，就要先了解生意人的脾气秉性，洞悉生意人的内心世界，只有这样才能在陷阱密布的生意场上识破骗局，取得最后的胜利。基本上生意人可以归纳为以下十种类型：

1. 性格外向型生意人

这种类型的人往往性格开朗，头脑灵活，逻辑思维能力很强。他们善于用自己的头脑思考问题。他们能够在与他人的交往中收集到大量的信息，作为自己判断的依据。这种类型的人通常多为一些电脑和网络公司的高层领导者。

2. 性格内向型生意人

这种类型的生意人外表看来给人一种朴实拙笨的感觉，但是在内心深处执着于自己的追求。在生意合作中，他们往往给人老实、真诚、善良、不善言谈的印象，但这并不表明他们没有自己的思维意识。相反，这类人

内心深处对理性及客观的逻辑问题异常感兴趣。这类人的另一特点就是做事讲究原则，有时看来会给人一种不懂得变通的感觉。

3. 豪爽型生意人

这种性格的人通常性格耿直，善于表达自己，因此可以结交众多的朋友。在生活中，他们有理想，并且会为自己的理想坚持不懈地努力，有时也会成就一番伟业。但是他们唯一的不足之处就是做事缺少逻辑的理性和管理的细节。有时候依赖于一些宏伟的计划和一些人际关系，不会把一些细微的得失放在心上。

4. 孤僻型生意人

这种性格的人往往性格孤僻，不喜欢与他人交际，多数喜欢离群索居的生活，这样可以使自己沉溺于研究之中。在外人看来，他们缺乏鲜明的个性特征，给人一种冷漠与傲慢的感觉。由于他们过于追求僻静的外境，容易心理受到压抑而导致心理变态。他们中的多数人与他人合作时很少会考虑到对方感受，更不会把自己的内心世界向他人披露。

5. 感情丰富型的生意人

这种类型的生意人虽然内心感情丰富，但是他们会把自己的感情掩盖起来，在外人看来，这为他们增添了几分神秘的色彩。他们往往感情细腻，容易走进他人的内心深处，体会到他人的悲与喜，给予别人同情心。这种人往往多为性情恬静的女性，因而更容易受到他人的喜欢，但是美中不足的地方是他们往往过于感性，做起事来缺乏现实感和条理性。

6. 缄默型的生意人

这种类型的生意人很少表达自己的意见，有时给人一种平淡无趣的感觉。但是如果需要开口，他们可以使自己在公共场合侃侃而谈。他们往往内心逍遥自在，无论外界如何变幻，他们都可以以一颗平常心去对待。

7. 形象思维型生意人

这种类型的生意人往往情绪多变，喜怒无常，且做起事来缺乏恒心。他们往往对那些利益使然的人际关系非常热衷。做起事来，原则性极强，既要合乎事理又要合乎人情，缺乏思想与情感。因而，如果想要取得成功，仍需要强化自己的形象思维意识。

8. 感觉型生意人

这种类型的生意人往往给人一种华而不实的感觉，他们热衷于追求享乐。对于外界的新鲜刺激，他们更喜欢用自身的感官去感受，因而，他们易于停留在自我的肢体感觉中。虽然他们中绝大多数会有很高的品位，但是他们往往把这种品位流于表面化。这种人做起事，容易感情用事，在待人接物方面也会很感性。

9. 开拓型生意人

这种类型的生意人具备超常的直觉力，做事从来不盲从，更不武断。无论什么时候，他们都能做到驾驭自如。他们容许其他思想与生命的存在，往往善于挑战新领域和事业。

如果能够在生意场上，一一识得这些生意人的真面目，就不愁快速准确地掌握生意场上对手的心理，做到了如指掌，轻松自如地应付。

识别对手的气质特征

心理学家称，气质是指人典型的、稳定的心理特点，包括心理活动的速度、强度、稳定性和指向性。其中心理活动的速度指语言、感知及思维的速度等，心理活动的强度指情绪体验的强弱、意志的强弱等。心理活动的稳定性是指注意力集中时间的长短等。心理活动的指向性指内向性和外向性。这些特征的不同组合，便构成了个人的气质类型，它使人的全部心理活动都染上了个性化的色彩，属于人的性格特征之一。因而，在生意场上，如果能够准确掌握对手的气质特征，便可以识别对方的性格特征及为人处世的方式，指导我们在生意场上作出准确的判断。

1. 气质分裂型对手

这种对手的主要特征是，人际交往时不喜欢、不善于交际，更多的时候他们会选择独立的方式。有时候他们宁愿多思考，也不会轻易采取行动。外表看来，他们会有一些呆头呆脑的样子，但实际上内心感情极为丰富。因而，通常看来这种类型的人有点神经质，面对外人的喜与怒都会表现冷漠之情，整天沉浸在自己的忧思当中，对外界反应迟钝。与他人交谈中，他们也不会主动说话，即使偶尔说话，语气中会充满尖酸刻薄的口气，容易给人带来一种冷漠、难以接近的感觉。但是他们思维很活跃，有时候他们会从广泛角度去考虑问题。与这类人打交道时，要学会引导他们参与到交流中来，多替他们着想，把他们当成被照顾的对象。

2. 气质积极型对手

这种类型的对手内心非常阳光，在他们内心深处相信世界是美好的。他们看待问题时，总会从积极乐观的角度出发，从来不会悲观绝望，即使在一定情况下出现意志消沉时，也能很快从中走出来。在外人看来，这种人定会有所作为，他们坚信自己的信念，动手能力强，意志力也比较强，即使失败了，他们也会坚持到底。在与外人交往时，他们会把自己的自信乐观之情传染给其他人，通常他们也很看重情谊，因而容易营造良好的人际关系。与这种类型的对手交往，可以把自己也带入一种积极乐观的道路上去，对今后的发展有利。

3. 气质否定型对手

这种类型的对手，其主要特点就是愤世嫉俗，内心有强烈的自卑感，因而对很多事情都看不惯。虽然外表上并看不出什么，但是他们做事时总是犹豫不决，无法控制自己的大脑朝着好的方向发展。有时候，在他人看来一件微不足道的小事，也会引起他们的恐惧之情。对于已经发生的事情，他们会一直耿耿于怀，无论是什么事情，都不会让他们满意。这种性格的人通常意志消沉，做什么事情都没有耐心。他们善于表达自己的内心，无论遇到什么问题或困难，他们都会放在心里。与这类人打交道的时候，最好采用迂回路线，意思要委婉，不能太直接，否则，一旦让他们的内心有了心结，可能会阻碍以后的交往。

4. 气质躁郁型对手

这种类型的对手做事有热情，他们的情绪易受到外界的感染，如果听到高兴的事情，无论与自己有没有关系，他们都会表现出高兴的心情。但是同时这种人往往做事冲动，多数依靠感觉行事，因而经常办错事情。他们独特的性格令他的能与那些思想古怪、思维方式不一样的人轻松相处。在生活中，这种人多被称为好好先生。他们做事往往喜欢听从于领导的命令，服从领导的分配。和这种类型的对手打交道时，要直接点明主题，不宜拐弯抹角。

5. 气质折中型对手

这种类型的对手往往性情温顺，与人交谈时往往面带微笑，说起话来不紧不慢。他们做起事来会采取折中的方法，看待事物通常能够保持客观、冷静的态度，且能根据情况决定，很少感情用事。但不足之处是，他们往往会相信一些道听途说，因而生活中容易被他人暗示。与这种人接触时，会给人带来一种舒服的感觉，他们会主动替对方着想，不会给你难堪，有时难免会表现得过于优柔寡断。

6. 气质黏着型对手

这种类型的对手，虽然头脑不太灵活，但是他们做事踏实，努力，有耐心。虽然可能成就不明显，但是他们不会轻易放弃自己的选择。生活中，他们也会被人认为不合群，做起事来讲究原则，不知道融会变通，做事一丝不苟，是非观念很强。在某些时候，他们也会情绪失控，但是大多数时候都会表现得很正常。在处理事情上，他们追求的是一心一意地处理问题，因而与这种人打交道时必须要有耐心。

识别生意伙伴是否虚伪

生意场上，为了能够得到最大的利益，某些人不惜使用一切招术来欺骗他人。能够在生意场上识别那些虚伪的小人，看清那些笑容背后的真面目，是每一个从商之人所必须掌握的一项技能。如果能够在生意场上及时准确地识别生意伙伴的虚伪，对于我们生意的成功是大有益处的。

那些虚伪的生意人通常善于用谎言来打动对方的心理，促使对方作出决定，因而只要能够识别对手的谎言，也就可以看出他虚伪的本质。那么，如何在双方交谈中识别对方的谎言，揭出他的本质？医学研究发现，瞳孔的变化以及眼球的活动等，是受脑神经直接支配的。瞳孔的变化是人不能自主控制的，瞳孔的放大或者收缩，真实地反映了此人当前复杂多变的心理活动。

虽然我们说一个人在说谎的时候会因为心理作用出现脸红心跳的现象，但对于说谎高手来说，这些问题可能根本不存在。当然，还有一类人，在社交场上，既使没有说谎，他们发言时也会表现出紧张不安的情形。因而，还得从其他方面入手。眼睛是心灵的窗户，想要识别谎言还得从眼神和表情入手。

1. 从眼神判断对方是否在撒谎

当一个人说谎时，他会害怕自己的眼睛流露出信息，因而，往往会故意把自己的眼睛躲避开来。在双方交谈中，当对手说出自己的意见时，一定要用目光注视他的眼睛，如果他能够坦诚地回视你，则表明他的内心很平静；相反，如果一个人的目光总是游离于其他地方，则表明他当前的内心深处正处于一种紧张的状态。他正试图通过转移自己的视线，让自己的目光摆脱被别人审视的状况。

2. 从眼瞳中也可以看出谎言

一个人在撒谎的时候，眼球的运动方向和眼瞳的变化都会表现出来。当一个人说谎时，大脑会支配眼球作出反应，如果只是对事情的描述，则眼球向右侧移动，相反，如果他正忙于编造谎言，那么眼球会不由自主地向右侧移动。也可能某些人的眼球反应刚好相反，因而想要通过眼球判断谎言的话，可以先提出几个你知道答案的问题，观察眼球运动，判断眼球运动的规律再判断他是否在说谎。

3. 通过笑容来判断他的谎言

专家认为说谎者的微笑很少表现出真实的感情，更多的情况下，只是为了掩饰自己的内心世界。因而可以通过判断他的笑容来了解他说话的真实度。在对笑容进行判断的时候，主要从以下几点把握：

（1）从笑容时间的长短上判断

真诚的笑容，其时间的长短取决于感情强烈的程度。而虚假的笑容因为没有感情的依据，所以无法表现出自然的状态。多数情况下，这种假笑会保持很长时间，因为说谎者害怕短暂的笑容不能够表达他的目的，只能加长微笑的时间。专家认为，不管是哪种表情，如果持续时间过长，大部分都有可能是假的。

（2）从笑容的开始和结束来判断

真诚的微笑就像是一种循序渐进的过程一样，有开始有结束，过渡自然。而假笑则不同，假笑者只能人为地改变这个过程，因而在某些时候看来，假笑无论是开始还是结束都会表现得过于突兀，有时候就像是紧急刹车一样，骤然改变。

（3）从笑时面部肌肉运动也可以判断

科学家们发现，当一个人发出真诚的微笑时，他面部的肌肉也会随之运动。真诚的笑容是颧骨肌肉与眼轮匝肌共同作用下产生的。而虚假的笑容，多数情况下只能牵拉嘴角两边的肌肉做一个运动而已，无法牵引起嘴巴向上抬起。

当然，在判断一个人是否说谎时，还可以通过一些极细微的表情来判断。虽然识别一个生意伙伴是否虚伪不是一件容易的事情，但是为了避免在生意场上受到损失，我们还是需要认真去做。只要认真细致地观察，相信你一定可以从中寻找到蛛丝马迹，从而避免上虚伪生意伙伴的当。

细节表露客户的不同性格

权威部门调查显示，人的一些性格特征或想法，在交谈过程中会通过一些小动作或小细节表现出来。读懂小动作和小细节成为收集和了解客户性格特征和想法的一个“平台”。因此，我们在生意场上，可以通过一些细节的观察了解客户的性格特征，从而采取有效的应对方法，对症下药，达到事半功倍的效果。

1. 演员型客户

这种类型的客户最大的性格特点就是热情，他们在与外人交往时，富有热情、活泼，善于交际。他们通常积极乐观，遇到问题时反应迅速，充满创造力。他们在业务活动中始终保持热情，能够使人感到亲切、自然，可以瞬间缩短双方的心理距离，为交流双方创造出良好的交流环境。然而，这类客户有时过分热情，会给人一种虚假的感觉，让人内心有所防备。

幽默是这种类型客户的另一个重要特征，与人相处时，他们往往言谈风趣、幽默，可以使对方从他们的身上得到启发和鼓励。这种类型的客户通常做事以人为主，他们会与周围的人建立良好的人际关系。这种类型的客户普通存在求新、求奇、求美的心理，因而喜欢追求名牌。有时他们做事冲动，且内心容易受到产品的包装、广告等外在因素影响，忽略产品本身存在的价值。因而，与他们洽谈时，要运用新品种的包装和特色来吸引他们的注意力，促使他们快速作出决定。

2. 结果型客户

这种类型的客户，做事讲究原则，思维缜密。他们做事有计划，并且条理分明。这种类型的客户通常具备坚毅的性格，他们相信，只要能够坚持下来，一定可以找到解决问题的办法，达到预期的目标。结果型的客户不仅意志力坚强，做事也很果断。他们通常目标明确，行动迅速，直指事情的结果，而忽略掉细节问题。因此，在生意场上，想要抓住这类客户的心理，就要直接指明这种产品可以引起的作用和带来的效果。他们会根据具体情形作出理智的思考，然而作出自己认为正确的判断。结果型的客户在选择产品时，注重选择能够带来较大利润的产品，他们有很强的销售能力，但是喜欢自己作出判断，因而，面对这种类型的客户时，你只需要根据产品档次推销即可，同时在推销产品时要注意不同的侧重点。推销高档产品时，要注重品牌形象的宣传，而中档产品则突出其安全、品质和价格，他们通常会根据自己的需求，快速作出决策。

3. 老好人型客户

宽容、温和，做事有耐性是老好人型客户的最大特征，他们无论在什么情况下都有超强的忍耐力，做起事来不急不躁，即使发生了什么问题，他们也不会过于严厉，或者表现出暴躁的一面。具在这种性格的客户通常喜欢与人沟通，也能够接受别人的意见和建议，会使人感到亲切，因而容易和他人建立良好的人际关系。然而，他们性格中的不足之处就是缺乏主见，做事不果断，有时候患得患失，并且容易轻信他人。现实生活中这种性格的客户为数较少，他们通常优柔寡断，迟迟不能作出决定。因此，在洽谈中，面对这种性格的客户要帮助他们尽快作出决定。这就需要你在他们交往时学会运用心理战术，得到他们的信任，然后再把你的想法暗示给他们，引导他们作出判断。

4. 学者型客户

这种类型的客户一般举止大方、自然，无论在什么场合下都不会拘束。通常情况下，他们善于分析问题，做事严肃认真，目标明确，且追求完美。因而，对于他们来说，无论做什么事情都应该条理清晰，过程准备充分。他们在与人交往时，会注意自己的一言一行，立求自己做事稳重大方，给人一种有修养的君子形象。这种类型的客户通常领导能力很强，他们做起事来追求高效，且富有冒险精神。即使在前进的途中遇到什么困难，他们也会坚持到底。与这种客户打交道时，要先熟悉对方的脾气，用敬重的语气对待。

面对自己的客户，要先了解清楚他们的性格特征再行动。如果只是盲目地讨好，有可能会适得其反。只有在掌握了准确的情况下，再对症下药，才可以提高办事效率。

运用方法识别客户的招数

能够在与客户沟通中察觉客户的真正意图，然后采取相应的措施，确保交易的完成，是一名销售人员所必须掌握的一门技术。社会竞争日益激烈，为了达到自己的目的，赚取更多的利润，很多人不惜采用说谎、威胁、诋毁等方法掩盖自己的真实意图，让推销员自乱阵脚，从而达到自己的目的。为了保证自己的利益，销售人员必须学会正确地判断客户的招数，识别他们的伎俩。

想要在与客户沟通中识别对方的真实意图，可以借鉴以下几个方面：

1. 观察客户的眼睛，洞悉他们的内心变化

研究发现，无论一个人表演天分多高，他的眼神表情也会暴露他们的内心世界，因此，想要判断客户是与你协商还是撒谎，可以观察他们的眼睛。当客户正在向你报价的时候，一定不要错过这个时机，对于他所做出的结论，你只需要注视着他的眼睛便可以知晓一切。如果面对你的注视，他能够做到坦然相对，那就表明他的内心与行动是一致的。反之，如果对于你的注视他采取回避，就可以基本断定他现在内心一定有鬼，害怕你从他的眼睛中看到答案。

2. 除了眼睛以外，还可以从语言上来判断

在谈判中，双方为使自己的利益最大化，可能会存在一些讨价还价的现象，但是在正式公开的场合，这种协商都会用一定规范性的语言。如果在谈判途中客户使用一些虚拟语气，比如，如果怎么怎么之类，则表明他现在是想通过假设来吓唬你作出决定，其实他内心已经接受你的意见，只是想在最后阶段作一次努力。这个时候，如果你真的按照他们所说的杀价，正合他们的心意。反之，也不会影响最终的结果。

3. 对方在对你产品作表述时，所持的观点也会暴露他的内心

比如，两边正处于激烈的谈判中，对方把你的产品和别的产品进行一些比较。这个时候，如果对方使用一些个人化的观点或个人化的意见，则表明目前他正想通过一些话语对你的产品进行诋毁或混淆你的视听。这只是他们常用的一种手段，试图通过这种做法让你觉得自己的产品确实与某种产品差不多，而内心感到紧张，从而作出顺应他们要求的决定。因此，这就要求你在与客户谈判之前一定要把两者的差异化掌握清楚。这种方法很容易辨别，如对方会说一些：我认为，我觉得。我当作等。

与客户进行谈判时，到底对方是处于协商还是撒谎的心理状态，都要视具体情况来看。如果能够把以上几种方法运用到谈判中去，相信一定可以为销售人员提供帮助。

小心谨慎辨别奸诈的商家

中国人从小被教育要诚实守信、公平交易，然而人们又用“无奸不商”这样的词语来形容商人，可见梦想是美好的，现实却是残酷的。人们都懂得“人无信而不立”，期望别人也能单纯地对待自己，然而很多人在社会的打磨中也不得不“奸诈”起来。对于商人来说更是如此，站在商人的角度看，或许他们是为了自己的生存；然而站在消费者的角度，我们还是不希望被商人欺骗的。因此，适当了解一些无良商家的谎言和欺诈手段，对于普通人来说是十分必要的。

纵观中外历史，买卖的形式已经发生了翻天覆地的变化。从古代的以物易物，到如今的网络交易，历史已经迈进了不知多少步，而商人欺诈消费者的手段更是花样繁多、层出不穷。

旧时买米以升斗作量器，卖家在量米时会用一把红木戒尺先把量米的容器口削平，然后再放上一点，让升斗中的米隆出“尖”，这样看起来似乎给的米多了一些。量好米再加点添点，已成习俗，但凡做生意，总给客人一点“添头”，这是老派生意人的一种生意噱头。商家并不会真的傻到给每一个顾客另外添加一些米，然而由于人们喜欢贪小便宜的心理，尽管知道“羊毛是出在羊身上的”，还是认为商家的这种做法很受用。久而久之其他各行商家在做生意时，都会采取各种类似的让小利的方法来争取顾客。

对于这种对顾客权益影响不大的小动作，大家往往不予计较，因为有好彩头或者好听头，便默认了商家这种做法。然而某些无良商人却利用了人们这种善良的心理，把商人的奸诈发挥得淋漓尽致，对于这种黑心的商人，我们当然不能听之任之，必须积极维护自己的权益不受侵害。一些不诚实的商人花样百出的欺诈手段我们是可以通过仔细观察看出来的。只要我们仔细辨别，不要抱着贪小便宜的心理，自然就不会上当受骗了。

赵小年是个包工头，带着几个兄弟在北京各个工地承包小工程，做工程的时候经常会有很多废铁，这些废铁被大家积攒起来，拿到某一废品回收站变卖，虽然钱不多，可毕竟都是血汗钱，每次大家都很开心地往这家废品回收站里跑。最近赵小年却觉得有些郁闷，往常他们去卖废铁都是对方称，他们说多少就是多少，说给多少钱就是多少钱，可是几次下来，总觉得自己吃亏了，怎么兄弟们辛辛苦苦攒了那么久的废铁，才卖那么点钱呢?

后来一次偶然的机会，他的同行李老板和他老婆扛着一捆废铜线到那家废品站卖，结果显示 30 多公斤，李老板后来吩咐老婆回家拿来大杆秤一秤却是 50 多公斤。废品店老板解释说“刚才看错了”。这时赵小年才有所警觉。

后来再去卖废铁，赵小年都让兄弟们找称自己称下重量，再碰上老板少斤短两算错账，他们就会拿出自己称量的结果，这样废品店的老板就无话可说了。当然，如果这家废品店几次三番都是如此作为，还是换一家的好。

据赵小年后来了解，废品回收商人所做的手脚，关键就在这个称上，有专门给秤做手脚的（业内秤垫泵的），他们做手脚可在你一转身后就能完成，一段铁丝，一个螺丝疙瘩，就能随意控制秤的多少！所以，出售废铁最好找熟识的有信誉的老客户，或者用自己准备好的秤，防止他人做手脚！

上面的只是一个小小的案例，日常生活中我们和商人打交道的机会很多，不仅是卖废品时，在日常购物时，在各种交易中大家都要小心谨慎，避免上当受骗。那么，该如何做呢？

第一，不要抱有贪小便宜的心理，这点在买东西的时候尤其要注意。所谓“一分钱一分货”，不要光看东西便宜就买，要看看质量如何，性能如何，性价比如何，当然还要参考自己的购买目的，综合多方面考虑，最后再确定是否购买。

第二，不要着急购买，可以货比三家，或者购买之前先打听好哪种类型值得购买，哪个品牌值得信赖，提前做好准备工作，避免匆忙之下被卖家忽悠或者出现交易错误。

第三，最好到有固定地址的商店商场商铺购物，路边摊的东西虽然便宜，但是买后出现问题很难解决。

第四，交易过程中一定要仔细，发票收据要收好，如果是过秤称重的物品，可以自带方便称进行二次称量，或者用商场准备的公平秤称量。当然，如果你选择到正规的商场超市购物，一般是不会出现缺斤短两的问题的。

第五，如果发现被骗，不要慌张，即时找卖家协调解决，对方不予解决的，可以对其进行投诉。

通过以上几点，再加上自己的小心谨慎，是可以很大程度上避免上当受骗的，当然关键还是要多了解一些商人行骗的手段和方法，做到心中有数，自然不会被骗。而更重要的，就是不去贪图省事、便宜或者一些表面看起来的优惠，而选择那些正规可信的商家进行交易购物。

Part 5

甜蜜爱情，透视真心

第十三章　小处着手，女人的心思不难猜

俗话说，女人心海底针，女人的心思细腻又多变，很多时候，同是女人都很难准确猜出同性朋友的心理，更不用说男人了。可是不了解女人就没办法讨女人的喜欢，就没办法促进两个人的感情，也就不能有一个愉快而美好的结局，怎么办？来学习一些简单巧妙了解女人的方法吧！

搞清女人恶作剧背后的真实动机

很多女人都会有一种心理，她们认为，在自己喜欢的男人面前使性子，并能够得到对方的宽容，是一件非常享受的事情。她们有时候会故意闹别扭或搞些恶作剧，比如，当你给她买条裙子的时候，她故意说很难看，看到你露出一脸难堪的时候，又哈哈大笑，抢过裙子在镜子前左照右照；当你提议外出度假的时候，她噘着嘴说：“不去。”等到你买好车票，她又欢天喜地地收拾行李；当你提议去散步的时候，她会说“我累了”；当你们走到咖啡厅，你提议去喝杯咖啡的时候，她又说“我想再走走”；女人这些看似自相矛盾的行为，实际上都是一种向对方表达爱意的行为。而男人却常常无法理解，总觉得女人真是让人捉摸不透，甚至会因为女人无理取闹的行为而大动肝火。其实，大可不必，你反而该在心中窃喜，因为你在女人的心中已经占了重要的位置。

仔细观察一下，这种情况非常普遍，相信只要是恋爱到了一定的程度或者彼此心中没有芥蒂的时候，女人多半会搞些无理取闹的小动作，她的

目的无非是让彼此的感情更深一层，或者以此来检验你对她爱的程度。当一个女人对一个男人无故挑衅或是对一个男人做恶作剧的时候，往往表明她的心中对那个男人很有好感，要知道，女人对于自己不感兴趣的异性是从来不会花费心思逗乐的，她们在自己不喜欢的异性面前，总是一副中规中矩或拒人于千里之外的模样，一则表示自己对其没有兴趣，二则不想让对方产生错误的想法，三则警告他人不要招惹自己。

女人的挑衅或恶作剧通常都以一种撒娇的形式表现出来。她们希望通过这样的方式来检验男人对自己的感情，通过这种方式来测试男人是否真的忍让自己，以此来达到对考验爱情的目的。当她们对某个男人产生好感，但是不敢确定对方是否也有此意的时候，她们会选择这样的方式来表达自己的爱意，这样，即使对方对自己无意并拒绝自己，也不会太难为情。

因此，当女人在交往中故意挑衅或是搞些恶作剧的时候，你就要好好想想女人的动机或心思是什么，而不要为此大动肝火甚至采用什么过激的言辞来应对；如果你也喜欢对方，不妨耐下心来，陪她玩这个无恶意的恶作剧，那么，对方会因你的配合、你的宠爱而更加爱你。

体察女人拒绝背后的真实意图

女人似乎非常喜欢拒绝，并且她们都很喜欢使用拒绝这种行为，她们在生活中对于拒绝这种行为的使用有时候会比搞恶作剧更多更甚，因而她们对于拒绝有丰富的经验，她们知道什么时候运用什么样的拒绝方式来拒绝自己喜欢的或是不喜欢的一些事物。

生活中，很多行为的背后，往往包含很多的意思，不能一概而论，拒绝更是如此，尤其是女人的拒绝。

面对他人的示爱，有时候她们会毫不掩饰、果断地予以拒绝，这种拒绝没有回旋的余地，多半是因为她对对方不感兴趣，也永远不会感兴趣，她们使用这种斩钉截铁的拒绝方式，是希望对方就此放弃，不要再抱非分之想；有时候，她们拒绝一个人的示爱时并没有把话说死，态度上也流露出一种暧昧，这个时候，多半表明她们并不是对对方没有好感，她们的这种拒绝实际上是一种矜持的表现，好让对方觉得自己并不是那么随便的人，以此来表明自己的身价，或者她们对对方有好感，但对方尚不足以令她们满意，她们希望通过拒绝来警醒对方，希望对方能够改进，有所提高，等达到她们的要求了，就会接受对方。

还有的时候，即便她们非常满意也要故意拿捏一番，这样做一是为了向人显示自己的身价，另外，她们也以这样的方式来检验对她爱的程度，想看看对方是否真的把她放在自己的心上。这种时候，如果对方经受住了考验，女人便会毫不犹豫地投入他的怀抱，死心塌地爱上他。

女人拒绝的背后暗藏了丰富的潜台词，作为男人，你应该学会体察女人拒绝背后的真实意图，千万不要因为不懂女人拒绝时的心思而让心爱的女人远离了自己。

判断女人吃自助餐背后的品质

贪婪是一种可怕的品质，贪婪的人不仅欲壑难填，爱占小便宜，而且为人很自私。那么，如何判断一个女人是否贪婪呢？不妨带其一同吃自助餐。

我们都希望我们所交往的女性朋友是一位大方、温柔善良的女性，对于那些好吃懒做，贪婪自私的女性，我们巴不得离她们远远的。但是，单从外表是很难判断出一个人是贪婪还是大方的，而且很多人善于伪装自己，我们很难通过他们的言语作出判断，尤其是双方还不甚熟悉的时候。那么，要怎么做才能判断一个女人是否贪婪呢？有一个比较好的办法就是约对方一起出来吃自助餐，这不但经济实惠，还能一眼看出眼前的女性是否很贪婪，简直是一举两得的好办法。

如果在吃自助餐时那位女士每次取餐都把盘子里的食物堆积如山，并且未等吃完又继续去取，吃到撑得不行了还要继续吃，还要不停地往盘子里堆放食品，到最后自己不能再吃了，盘子里还是满满的一堆食物，似乎那样才够本一样——

相信不仅她不能再吃了，就连我们也看得目瞪口呆，一个女人怎么这么能吃？还剩了那么多吃不完，浪费了，可惜了。像那种拿很多，拼命吃，又吃不了的女人，往往是非常自私的女人。她们对于那些占便宜的事情从来都不会拒绝，且从来不会让自己吃亏，生怕被别人占了点便宜。

这种吃着碗里的、看着锅里的女人，不仅嫉妒自私，而且具有极强的占有欲，她们对于属于自己的东西是非常珍视的，不允许别人介入。例如，她们通常都不愿意将自己的东西借给别人，哪怕那东西自己已经不需要；当别人向其借钱的时候，她们明明有钱却总找借口推托；别人找其帮忙，明明自己可以帮忙却推说自己没时间。这类人通常很少有关系好的同性朋友，而异性朋友则多一点，因为男性通常不会让其为共同的消费埋单，或是厚着脸皮向其借钱。

这类女人自私、贪婪，而且欲壑难填，如果男性不幸与之结合，等待他的将是痛苦的折磨。

女人拿小时候照片给你看，是距离更近

当一个女人拿出自己小时候的照片给某位男士看的时候，通常都表明这个女人对那位男士很有好感，希望双方的关系可以进一步发展。

不光是女人，几乎所有人对于自己小时候的照片都非常在意。人们一般不会愿意将自己小时候的照片公开出来给别人（尤其是异性）看。其中有一部分人是因为害羞，而大部分的人是不愿意让人看到自己的隐私，他们认为小时候的照片是暴露自己过去的生活或模样的一个比较危险的方式。

俗话说，女大十八变，很多小时候不怎么漂亮甚至是有点丑的女孩，长大后会变得越来越好看，一部分是因为自身五官等发生变化，一部分是因为现在比以前更会打扮，更有条件打扮。没有一个女孩希望别人看到自己丑丑或者土土的样子，因而大部分的女人是不太愿意被别人看到自己小时候的照片的，她们一方面会觉得很难为情，另一方面会因为暴露隐私而心中不安。所以，这种照片大多时候只有家人见过，甚至连闺房密友都不曾见到，更别提异性了。

但是，如果有一天某个女性主动将自己小时候的照片拿出来给一个男性看，那么，她一定对这个男人感觉不一般，首先能够肯定的是，她不讨厌那个男性，甚至可以说对其很有好感，她已经对他放下芥蒂，不介意对方看到自己丑丑或土土的模样。这种行为，很可能就是一种暗示，她希望可以跟对方有进一步的交往。

当女人将自己隐藏已久的小时候的照片拿给某个男性看的时候，她已经对那个男性卸下了心理防线，不计较对方如何看待自己小时候的模样，这说明他们彼此之间的心理距离已经非常近了，这个时候的女人内心是非常柔软的，喜欢对方的男士，何不把握这个时机，将自己内心的爱意说出来呢？

女人喜欢养宠物，性格比较单纯

很多女人都喜欢养宠物，这一方面是为了打发无聊寂寞的时间，另一方面是自己的性格使然。爱养宠物的女人，内心往往都是比较单纯的。

由于社会的发展和人们生活水平的提高，越来越多的人开始在家养起宠物来。有老人为打发孤独的老年时光的，有小孩为满足自己的好奇心及爱心和童趣的，有男人喜欢养宠物的，也有女人喜欢养宠物的。这里我们单独谈谈女人养宠物。

总有一些女人将小猫、小狗这样的宠物养在家里，她们每天花费很多的时间及精力来照看这些宠物，有时候她们对于宠物的宠爱甚至超过了对自己，她们亲切地称呼她们的宠物为“儿子”“女儿”“宝贝”等，当她们聚在一起，讨论各自的宠物时，不知情的人还以为她们是在讨论各自的孩子呢！

很多女人喜欢养宠物，这是为什么呢？经过分析，我们不难发现：这类女性通常经历过情伤，或者因为遇不到理想的男人而产生空虚感，她们觉得养小动物要比谈场恋爱简单得多，而且不必担心它们会变心，会伤害自己，这往往是内心单纯的女性的想法。

有些女性养宠物则是因为她们不喜欢或者不善于与人打交道，喜欢按照自己的意愿过自由自在的生活，不希望他人的介入破坏了内心的那份平静，因而她们会养些小宠物来与自己做伴，并从单纯的动物世界中找到宁静与寄托。

当我们遇到这样的女性时，首先要了解她们的性格特点，理解她们的一些单纯的想法，千万不要嘲笑她们的单纯，那样她们会很受伤，不愿意再继续与你交往了。

女人倾吐过去，是对你有好感

很多女人都不愿意跟别人谈论自己的过去，因为那是自己的隐私，尤其对于那些让自己难堪的经历，更是不愿意跟别人谈起，一则害怕有损自己的形象，害怕给自己带来不好的影响，二则是不信任对方，害怕对方会将这些过去的事情说出去，再则，自己并没有跟对方有多少交情，无须跟对方谈论自己的私事。总之，女人是不会轻易将自己的过去对别人和盘托出的。

但是，如果女人觉得跟你的关系非常亲密，也是非常愿意与你分享自己的过去的，这不仅代表着她对你的一种信任，更重要的是，她觉得跟你分享自己过去的事情让她感到很快乐，且可以增加彼此之间的一种亲密感。还有的时候，女人希望你能够了解她的过去，进而了解她这个人，从而喜欢上她，这是她示爱的一种方式。

因而，当一个女人跟你谈论她自己的过去的时候，多半是因为她已经对你心存好感，心无芥蒂，并且希望能够跟你作一步的交往。她希望你们彼此之间能够坦诚相见，无所隐瞒，或者她会告诉你关于自己过去的趣事，引导你发现她身上的可爱处，进而喜欢上她。

总之，女人只有对你有好感时，才会向你倾诉自己的过去。这个时候，你应该积极地配合她，让她将自己内心的想法说出来，并适当地附和、鼓励。当她在述说过去辛苦或者不幸遭遇的时候，你应该保持一份同情心；当她跟你述说以往的成就时，你应该让她感受到你的崇拜或者自豪；当她述说过去的糗事或者搞笑的趣事时，你应该跟她一起开怀大笑。如此，她便会觉得你是个非常善解人意，非常懂她的人，她的心也会很快地向你靠拢。

女人变刁耍泼，是想制造矛盾分手

逼恋人先提出分手，是很多男人的惯常手段，他们通常的做法就是冷处理，不打电话，不发信息，不见面，最后逼得女人受不了主动提出分手。而女人想分手时，往往喜欢热处理，即制造各种矛盾，与对方争吵、打架，然后借口性格不合提出分手。

看过《水浒传》的人都知道，当潘金莲与西门庆勾搭上之后，便对家中的武大郎的态度来了个一百八十度大转弯。在未勾搭上西门庆之前，她虽然也不喜欢武大郎，但对他也还是客客气气，尽力做好家庭主妇的分内之事；但是，在勾搭上之后，她便变得性情暴躁，动不动就对武大郎发火、撒泼，发泄心中不满。要不是碍于封建社会的伦理观念，害怕武大郎的弟弟武松来找自己的麻烦，她恐怕早就离开武大郎，投入西门庆的怀抱了。

生活中，当女人厌倦了自己的恋人，并下定决心分手的时候，她们往往不会直截了当地告诉对方，大多数女人都会先寻找一些借口，制造矛盾冲突，然后撒泼，激起男友心中怒火，然后两个人之间的大战便就此上演了。当女人泄完愤之后，她会顺带地提出分手，并且毫无回旋的余地，这让男人非常摸不着头脑，不就是吵个架吗？至于分手吗？

女人变刁撒泼的方式有很多种，比如，你加班晚回家一点点，就大吼大叫，说这日子没发过了。当你做了一顿丰盛的晚餐，想犒劳她的时候，她却故意愤怒地指责："这菜怎么这么咸？太难吃了！"当你提出跟她一起去参加聚会的时候，她阴阳怪气地说："什么破聚会，我才不想去呢！"当你提出要看她父母的时候，她着急地拒绝，并搭上一些牵强的理由指责你等。当你发现你的女友突然变得刁钻泼辣，不可理喻的时候，你就要作好心理准备了，因为这往往是她们提出分手的前兆。

第十四章　冷静分析，爱情里女人不盲目

很多女人一旦遭遇爱情，智商马上就变为零，迷迷糊糊任由男人摆布，其实这是非常危险的，一旦爱情遭遇变故，女人往往会陷入深深的痛苦之中而无法自拔。女人在爱情之初，就应该保有一个冷静清晰的头脑，仔细分析男人的言行举止等，了解男人的动机及心机，只有这样，女人才能在爱情中把握住主动权，才能进退自如。

“想吃你做的菜”的男人，是希望能有进一步的交往

男女双方在交往的过程中，如果一个男人向女人主动提出：“亲爱的，我想吃你亲手做的菜。”那么，通常这个男人是希望与这个女人能够进一步地交往下去。

很多男人的脑海中都会有这样一幅图景：晚上，自己下班回来，坐在沙发上喝茶、看报纸，自己的女人则围着围裙在厨房里忙着做饭。男人一面喝着茶，一面愉快地听着厨房里传来的锅碗瓢盆交响曲。这是一件多么惬意的事情啊！

人们常说“有厨房才像个家样”，因而当男人说“想吃你做的菜”时，多半是想到家了。他跟你在一起时，感到非常轻松、自在，就像在家里跟自己的亲人相处时的感觉一样，他希望你能够在家为他做一顿饭，让他感受一下家的感觉。有可能，实际上他已经在心里想跟你组成一个家庭了，想体验一下你们两个人组成一个小家庭的感觉。

通常，如果一个男人不喜欢一个女人，他是不会那么麻烦地想要一个

女人为自己做饭，如果一个男人不打算跟一个女人有进一步的发展，他也不会要求女人为自己做饭。毕竟，做饭是一件很烦琐的事情，需要耐下心来做很多准备的工作，比如，去市场买菜（多数男人是不愿意去那些嘈杂的地方的）、回家择菜、洗菜（男人也不喜欢做）等。因而，如果自己不喜欢那个女人，不想跟她进一步交往下去，男人是不会为了她而耐心地去做这些烦琐的事情的。另外，跟一个女人一起买菜本来就是一件在外人看来很暧昧的事情，他若无意与那个女人进一步交往，自然不希望让他人有所误会。

因而，当你的男人对你说“我想吃你做的菜”的时候，不要以为他在无理取闹，不要因为自己忙碌、没有时间而拒绝他，通常那是因为他希望能够跟你有进一步的交往，如果你也很爱他，有跟他进一步交往的意思，不妨抽个时间，亲自为他做一顿饭吧！

男人突然的沉默预示想要分手

一个喜欢唠叨的男人是可怕的，而一个平时话多、突然变得沉默寡言的男人，更令女人害怕。因为女人不知道他的心里在想些什么，他反常的举动让女人非常不适应，女人会在心里猜想各种可怕的可能，是不是发生了什么不好的事情啦？还是他想要跟我分手？

女人的猜想没错，通常一个男人突然变得沉默寡言，不是遭遇巨大变故，就是想跟你分手，如果不是发生了别的什么事，最大的可能就是男人心意已决，正在计划着如何跟你分手。

通常，当男人沉默寡言的时候，他的态度也是冷冰冰、对你爱搭不理的。这时候，男人常常欲言又止，当你问他发生了什么事情的时候，他又推说没事，然后径直一个人做自己的事情。这样的男人可能会觉得突然跟你提出分手不太合适，害怕会伤害到你，但是他又觉得自己必须要跟你分手，可能是因为自己爱上别人，可能是因为别的事情让他觉得你跟他不合适。因而，他欲言又止，一拖再拖，但是他知道，自己迟早是要跟你分手的，他正在寻找一个合适的时机。

有些男人则希望通过冷处理的方式来结束这段感情。他突然变得沉默寡言，甚至会突然悄无声息地消失好些天，一个招呼、一个电话也不打，似乎你跟他是毫不相干的两个人。他沉默寡言，来无影、去无踪，让人琢磨不透。失去耐心的女人可能就会主动提出分手了，而这正中了他的下怀。

总之，当一个男人突然变得沉默寡言的时候，你就要仔细思考，并作好心理准备了，因为那往往是他们决定分手的表现，并且几乎没有挽回的余地了。

过分注意自己形象的男人比较自私

每个人都有爱美之心，每个人都很在意自己的形象，这很正常，但是过分在意自己形象的男人则有些不正常，表面上他们给人一种积极向上、品位出众的印象，实际上他们内心真正关心的人只是自己而已，是一个比较自私的人。

我们知道女人爱美，并且无论女人有多爱美，愿意花多少时间化妆打扮，都无可厚非。然而，如果一个男人也像女人一样，过分在意自己的妆容，花费大量的时间来打扮自己，就有点不可理喻了。

其实，不管长得好看不好看，那些过分注意自己形象的男人通常都有些自恋的倾向，他们愿意花费大量的时间来整理自己的发型，试穿各种款式的服装，每次出门总是让自己看起来隆重得体，头发梳理得一丝不苟。从表面上看，这些男人似乎是为了取悦女人才这么做，实际上，在他们的内心里，他们真正关心的还是他们自己，他们希望引起他人的关注，得到他人的好感，以此来满足自己的虚荣心。而且，通常这类男人都有些自我，做事不太顾及他人的感受。

这类人很自恋，虚荣心特别强，好吹嘘。他们在别人面前喜欢吹嘘自己的长处，努力掩盖自己的短处；好为人师，好提当年勇，夸夸其谈，自以为自己是某个领域里的专家。他们对于自己过去的辉煌经历一提再提，十分令人生厌。他们在外人面前喜欢挑刺，捉弄嘲笑他人，而且讳疾忌医，打死不承认自身的缺点。他们爱自己胜过一切，并且会把自己所犯的错误厚脸皮地推到别人的身上，且心安理得。失意时，他们很少从自己身上找原因，总是怨天尤人，喜欢将不满、愤怒撒向身边的人。这种男人不讲道理，自己没有本事，还要埋怨别人，不敢正视现实，不敢正视自己的缺点，或者说，在他们眼里，他们根本没有缺点。

这种人感情淡漠，对他人的事情无动于衷。如果是跟自己无关的人或事情，他们是不愿意花费自己的时间、精力去理会的。

迟到理由牵强的男人是不在乎你

谁都不喜欢约会的时候对方迟到，因为等待中的心情是很痛苦的，让人郁闷。相恋中的两个人，如果约会时男方无故迟到了，已经够让女方恼火的，而更让女方恼火的是，男方迟到的理由很滑稽或是非常牵强，这是一种怠慢自己的行为，女人当然会很生气。

在恋爱阶段，每个人的身份、地位、职业、头衔、长相等都可以成为恋爱关系不平等的筹码，而这些筹码会直接形成在恋爱的过程中双方谁主动、谁被动的关系。在现代社会，人们在考虑恋爱甚至婚姻时，更多的不是看双方的感情因素，而是考虑双方各自的外在条件，而这种建立在此种基础上的爱情，比较脆弱，较不稳定，只要符合条件，每个人都有很多的选择。对于那些在事业上有所成就、经济上很宽裕的男人来说，恋爱就是一种择优去劣的选择，他们在恋爱的时候，往往多头出击，他们同时跟好几个女性接触，以便选择最好的录取。他们会根据所交往的女性的条件，来选择相应的应对态度：对那些相对优秀，自己很满意的女性大献殷勤；而对那些条件相对较差，自己不太在意的女性则冷漠怠慢。其中，无故迟到，说不清迟到理由，便是他们怠慢的表现之一。因而，面对这样的情况，女人在与其交往时，就要考虑周全一些，想想还有没有进行下去的必要。

有些时候，当男人对你的感情失去激情时，也便会对你失去耐性，他不愿意再像以前那样在意你，小心翼翼地顾全你的感受，不再全心全意地给你体贴，给你照顾。这时，他在跟你约会的时候，也会有所怠慢，不像以前那样积极，在约定时间之前就早早等候；他会经常迟到，而对于自己的迟到，不仅不感到抱歉，甚至认为是理所当然，当你问他理由的时候，他通常会觉得你烦，不愿意跟解释，或者他故意胡编乱造一些理由来哄你。这表明，男人对你的感情已经很平淡，甚至可以说已经不在乎你了。

约会迟到本来就是一件无法容忍的事情，更不能容忍的是男人们那些牵强的开罪理由。面对那些怠慢自己的男性，女人一定不要轻易纵容，一定要让其给自己一个满意的答复。

爱讽刺别人的男人往往很自卑

生活中我们经常看到，一个平日里争强好胜的男人，在面对比自己更强的男人时，他会有一种自卑的心理，这种自卑心理的直接体现就是，他讽刺、嘲笑甚至诋毁那个比自己强的人；他还经常一边讽刺他人，一边进行自我吹嘘。这种打压他人、抬高自己的行为，是由于自卑心理在作祟。这样的人通常自尊心都很强，看不得别人比自己优秀、突出。

自卑是一种心理上的缺陷。表现为对自己的能力、品质评价过低，同时伴有一些特殊的情绪体验，如害羞、不安、焦虑、忧郁、失望等。自卑常常发生在那些自尊心强，内心脆弱，好嫉妒的人身上。

人们都知道女人的虚荣心、嫉妒心比较强，同时攀比心也很强。殊不知，男人也是一种喜欢比较的动物，只不过比女人多一份理智罢了。由于社会的原因，他们经常会与那些比自己强的人进行比较，如一辆开着桑塔纳轿车的男人，看到别人开着奔驰车疾驰而过的时候，心中不免要作出比较，为什么他可以开奔驰而我只能开桑塔纳呢？一些心理状态好点的男人可能会羡慕地说："奔驰车就是帅啊！"心理状态差些的人就会自卑，心理不平衡，进而会在心里讽刺："切！不就一辆破奔驰吗，牛什么啊？"再如，一个男生在自己班里的成绩很不错，排名很靠前，经常考第一名，但是他的形象不怎么样，因此他很自卑。有一天，当他喜欢的女孩子在别人面前谈论班里的另一个长得帅气的男孩子的时候，他怒火中烧，阴阳怪气地说："不就是一个小白脸吗，中看不中用，看他哪次考试进过前十啊？"

瞧瞧，这就是典型的自卑的男人，他们的自卑造成了一种内心的失衡，他们会通过讽刺、挤对他人，达到一种内心的平衡，而这个被他们挤对、讽刺的人，通常是他们自觉不如的人，也是他们深深嫉妒的人，他们通过打压他人来自抬身价，求得自欺欺人的心理安慰。

因此，面对这些心存自卑、爱讽刺他人的男人，我们不要跟他过多计较，一争高下，因为，虽然他们嘴上不言输，其实心里早就心虚地认输了。就让我们多多包容一下他们吧！

钱包卡多的男人热衷名利

钱包里塞满各大银行的银行卡的男人未必是真正有钱的男人，虽然他们银行卡很多，但其实卡里并没有多少钱，他们那样做，往往是一种追求名利的虚荣心在作祟，多带上几张银行卡虚张声势而已。

现在很多人为了安全或方便起见，通常不喜欢在自己的钱包里塞上太多的现金，只要所要消费的地方可以刷卡，只需在钱包里放上一些银行卡就可以轻松出门了。

当你看见男人的钱包里塞满各大银行的银行卡时，你大可不必惊讶，也不要以为他有很多钱，因为，从某种意义上讲，这种情况只能体现他的一种热衷名利的心理。

这类男人通常喜欢跟他人炫耀自己办了多少张银行卡，什么工行的，建行的，农行的，商业银行的，他通通都办了几张，说是为了方便起见等。这类男人总是企图在任何需要付钱的场合都刷卡，以此来显示自己的与众不同。有时候，为了吸引他人的注意力，他们会显摆地问服务员："请问你们这里可以刷什么银行的卡？我工行、建行、农行的卡都有，你们刷哪家的？"他们以为这样做，会得到别人的羡慕和尊重，殊不知，在别人的眼里，看到的只是他的浅薄与无知。

那些以为多办几张银行卡就可以让别人改变对自己的态度的男人，实际上都是一些头脑简单、心智单纯的家伙，他们以为多办几张银行卡就可以提升自己的身份了，殊不知，只要有身份证，大家都可以办到银行卡。他们的这种举动，不仅不会得到他人的尊重，甚至会令人们因为他们的浅薄而轻视他们，反感他们。

急于承诺的男人不可靠

现在有一句话非常流行：世界上有三样东西最不可相信——男人的承诺、男人的感情及男人的理由；同时又有三样东西最宝贵——男人的承诺、男人的感情及男人的理由。由此足以看出，女人在对待男人的承诺这方面，内心是多么矛盾啊！

有些男人的承诺很宝贵，他们从不轻易承诺，一旦作出承诺了，势必要兑现许下的承诺。这些男人具有极强的责任心，非常讲究信用，一言既出驷马难追，说出的诺言也是一诺千金。这些男人通常不会轻易承诺，也绝对不会作出自己办不到的承诺，因为他们害怕诺言不能兑现时看见别人眼里的失望，以及自己内心的深深自责。

而有些男人却不这么想，他们会很轻易地许下诺言，当诺言不能实现时，他们又很轻松自在地跟对方说声“抱歉”，然后继续过自己的生活。这类男人是很没责任心、很不成熟的，当然人品也不会好到哪里去。他们对自己放任自流，从不用道德来约束自己，我行我素。女人如果碰到这样的男人，真是有苦难言。

恋爱时，一些不成熟的男人总是轻易许下诺言，尽管他们知道自己根本就无法实践诺言，然而他们知道女人喜欢他们承诺，并且善良单纯的女人会对他们的诺言深信不疑。于是就他们利用女人对其的信任，不负责任地对女人说："宝贝，这辈子我只爱你一个人。""亲爱的，我一定要娶你为妻。""宝贝，你说咱们将来生几个好？"他们通过这些诺言来将傻傻的女人哄骗住，当他们觉得游戏该结束的时候，他们脸不红、心不跳地说："我已经不爱你了。""我对你已经没有感觉了。""我觉得我们两个不合适。"当初的诺言早就抛到九霄云外了。

有些男人往往高估了自己的能力，感情一激动就轻易许下一些超出自己能力范围的诺言，虽然在许诺的时候他们是真心实意的，但是，能不能够实践诺言，则是另外一回事，这类男人通常都缺乏思考，他们只是因为急于得到心爱女人的心而夸下海口。而一些天真的女人则往往以为男人会说到做到，而在以后的交往中，却发现并不如男人所说的那样。

当然，还有很多承诺都表现出男人承诺的不可靠性，这主要看其作出承诺的时间和难易程度及作出承诺所考虑的时间，一般不假思索、急于出口的承诺大部分都是不可信的。时下网络上流传着这样一句话："宁肯相信世界有鬼，也不能相信男人那张嘴。"可见，男人那美丽的诺言是多么不可靠。

面对你容易紧张的男人在乎你

当一个男人非常爱一个女人的时候，他在她面前会有一种自卑感，而这种自卑感的突出表现就是，他会在那个女人的面前手足无措、紧张兮兮。当然，有些很害羞的男人，在自己喜欢的女人面前也会有这种表现。

如果男人与女人约会的时候即便不是第一次也依旧常常表现出紧张兮兮、小心翼翼的模样，那么可以肯定这个男人内心畏惧这个女人，因为爱对方而畏惧对方，从而产生自卑，以至语言、动作都紧张兮兮、小心翼翼地。

有些男人可能跟女人已经认识很长时间了，开始时，他对对方并没有非分之想，但是，随着相互之间接触的增多，关系的进一步发展，他对那个女人日久生情了。于是，之前他可能在女人面前大大咧咧，但是后来他在女人面前开始有一些不同往常的表现，如说话时打结巴，脸红，手足无措，紧张兮兮。这些都是他爱上女人的表现。

当然，大多数女人第一次见到这类男人的时候都不会对他们产生好感，她们觉得这类男人有些小家子气，没有魅力，让自己失去交往下去的兴趣。其实事情并不如女人想象的那样，有很多事业成功，富有个性魅力的男人，他们在日常生活或工作中，能够赢得他人的喜爱和敬佩，但是一到情场，一面对自己内心喜欢的女人时，他们就会变得紧张兮兮，这是为什么呢?很显然，他们非常在意眼前的女人，在意自己在心爱的女人面前的形象，因而对于自己的一言一行都过分在意，生怕出现差错，这种过分的在意，会让他们变得紧张兮兮，甚至失态、出丑。

作为女人，你千万不要因为对面男子的失态而忽略他或是看扁他，他所表现出的紧张与不安，全是因为太重视你、太在乎你。对待这样的男人，女人应该以平等的眼光看待他，用真诚的心感化他，主动与他交心，让他慢慢平静下来。如果你也喜欢对方，不妨多鼓励他、赞美他，放低自己的架子，流露出自己的好感，那样，他便会找回自信，轻松与你交谈。

第十五章　全面观察，看穿男人的本质

女人找男人，贵在能够一眼看穿男人的本质，如此，才能不被男人的甜言蜜语所迷惑，不被男人的伎俩所欺骗，不被男人牵着鼻子走，才能少受点伤害并更快地找到适合自己的男人。那么，如何一眼看穿男人呢？了解心理学知识，留心观察男人的一举一动，看穿男人绝对有章可循。

从用钱的态度来识别男人

男人一般都比较喜欢金钱，也把金钱视为自己权力与能力的象征，所以，观察他们对于金钱的使用态度，就可以了解他们的性格特征。

1. 喜欢让女人付钱的男人

这种男人喜欢让女人为自己花钱，或是喜欢女人为他们的共同消遣埋单。他们是典型的缺乏安全感的人，希望别人以各种方式来给他们作保证，以此来证明自己在他人心中的地位。和这种男人交往时，女人很容易陷入一厢情愿之中。

2. 喜欢跟女人 AA 制的男人

这种男人跟女人在一起时，总是希望大家为各自的消费埋单。这种男人对他人始终保持着一种提防的态度，他们不愿意付出更多，甚至是害怕付出。这种男人做事始终保持着谨慎的态度，永远跟他人不远不近，若即若离。

3. 经常给女友送礼物的男人

这种男人经常处于一种矛盾的状态之中。他们既害怕失去对方，又不愿意付出太多的感情，于是，他们就会想尽一切办法用物质来弥补感情上的缺失。

4. 最怕送礼物的男人

这种男人最不愿意甚至是害怕送礼物给女友，这种男人通常都很吝啬，为人非常自私，他们只想被人爱、被人宠，却不愿意施予，更不懂得感恩，而且即便他做了什么对不起女友的事情，也从来不知道愧疚。跟这种男人恋爱是非常累的，也非常危险。

5. 叫穷的男人

叫穷，顾名思义，这种男人本身往往有钱，但是他们总是跟人抱怨，自己没钱。这不仅反映出他们不知足的心理状态，也反映出他们为人比较自私，不愿意急人所难。他们常常是事不关己高高挂起，但是对于他人给予自己的好处，则照单全收。这种男人非常难缠，跟这样的男人做朋友，是非常伤脑筋的。

6. 穷大方的男人

与上面的男人刚好相反，这种男人他们本身没什么钱，但总是装大款。这种男人的虚荣心非常强，而且他们对于金钱、权力有种非常强烈的渴望。这种男人其实是很可怕的，在他们眼里，金钱胜过任何人的感情，为了赚钱，他们宁愿牺牲掉和别人建立起来的感情。

7. 斤斤计较的男人

这类男人在金钱上非常计较，常常为了几毛钱跟人争得脸红脖子粗，甚至大打出手。但是，他们对于自己喜爱的东西，往往愿意花大价钱购买。这种人对待感情可能同样势利，他们可能很爱对方，但是他们不允许对方做任何无条理和任何不可靠的行为。

8. 债台高筑的男人

这种男人不善于处理生活中的细节，不懂如何处理好感情及人际关系，他们对于理财没有概念，也不懂得如何理财。他们的意志力很薄弱，自制力非常差，常常控制不住自己而冲动消费，或者与人起冲突。

9. 经常借钱给别人的男人

这种男人的金钱观很淡薄，但是对感情很重视，他们富有同情心，能够急人所难，大公无私。因此，这种男人是值得女人对其付出感情的。

10. 经常撒谎骗钱的男人

这种男人最不可靠，没有责任心，人品也不怎么样，既然他们可以骗钱，那么他们就有可能欺骗他人的感情。

从开车习惯看男人性格

每个人的开车姿势和方法都有所区别，观察一个开车的男人是何种性格也并不是什么难事，从他开车的姿势和方法中就能看出一二。

1. 规规矩矩，遵守交通规则

这一类型的男人开车特别平稳，他们做起事情来也是四平八稳，凡事都脚踏实地，叫人放心。他们是真正的君子，严格遵守做人的规范，遵守社会道德，为人正派，不搞旁门左道，他们正直，诚实，忠厚，善良。假如他们能够在跟别人沟通的时候掌握一些技巧，有所进步，成功的机会会很大。他们跟情人相处时，可能因为过于一丝不苟而有些唠叨，也可能会让他人觉得太死板，索然无趣，在这个浮躁的、讲究标新立异的社会中，这种男人可能不够突出，却绝对可以做个好丈夫。

2. 稍有意外，立即刹车

这种类型的男人，为人耿直，力求稳妥。他们总是顺着潮流前进，又善于与人相处，适应能力强，办事利落，在各种场合都受人尊重和注目。他们行事有板有眼，循序渐进，不管是在工作上还是个人恋爱上，他们都有周密的计划，可以让任何人信任他们。尽管他们做任何事情都尽职尽责，可在内心里，他们有时又会对自己缺乏自信。其实，他们缺乏自信也是因为自己对自己的要求过高，凡事都力求尽善尽美。他们谨慎，小心，不会轻易接受他人的追求。对于这样的男人，女人不妨主动一点，他们是非常好的丈夫人选。

3. 休息时把脚放在方向盘上

这一类型的男人为人刚直不阿，也喜欢特立独行，凡事照着自己的意愿做，听不进他人的劝告。大体而言，他们是个理想主义者，因为本身的能力很突出，所以不会去曲意奉承他人。在爱情中，他们常常较有主见，把一切都安排得妥帖而又有心意。他们的缺点是，可能会令别人觉得他们过于以自己为中心，处世不够圆滑。

4. 卖弄车技，故意超车

这一类型的男人纯粹是为了卖弄车技。这类男人多半在某一方面非常突出，但是个性不够老练，且爱慕虚荣，傲气十足。这种男人颇令女人心动，他们的洒脱自信，浪荡不羁的个性，举手投足间对于女人都有一种致命的吸引力。但他们不是合格的丈夫人选，他们的生活中充满了不确定性，思想又不够成熟，为人也不太踏实。

从鞋子偏好判断男人性格

重庆明亮心理咨询所的心理咨询师邓云天表示从鞋子和穿鞋的习惯可以判断一个男人的性格。其象征意义不仅涉及鞋本身，也往往涉及买鞋这一行为。因而，我们可以根据男人所穿鞋子的类型及他们所穿鞋子的习惯来了解男人的性格特征。

1. 偏爱黑色皮鞋的男人很传统

他仍保有传统的家庭观念和大男人主义，重视家庭生活、伦理道德，就算父母不算太明理，他还是会尽量地包容接受。他是一个很注重面子的人，朋友也是他最重视的一环，所以千万不可以在众人面前嘲笑他太胖、太笨、太瘦这些，否则你就是他“黑名单”中的人。

你的积极进攻策略：尊重他的成就、专业，并且尽可能骄傲地说“我以他为荣”，甚至有点崇拜他，满足一下他的心，当然也要孝顺他的父母，以及和他的朋友打成一片，相信他会不知不觉地将自己的心交给你。

2. 偏爱休闲鞋的男人看重第一印象

对第一印象很看重的男人是个喜欢采取主控地位的男人，主观意识很强，常常会有先入为主的想法，因此，你给他的第一印象很重要。他很清楚自己喜欢什么样的女人，虽然有的时候也常常迷失自己，然后爱上不该爱的女孩，但是他绝对不会承认自己的过错，只会觉得是个性不合而已。

你的积极进攻策略：你的独特个性或是想法，会让他对你好奇而想进一步了解你。保持你清楚的头脑，做个聪明又可爱的女人，不要没事无理取闹，更不要想左右他、让他听你的使唤，否则只会让他远离你。

3. 偏爱凉鞋的男子忠于自己的感觉

他是一个非常忠于自己感觉的男子，在他生命中，有他自认为有意义的事情，你千万别去否定他或是嘲笑他，虽然有时候那些“有意义”的事情过于理想化。他自己会找到与现实的平衡点，所以不用为他担心。

你的积极进攻策略：给他空间和时间是你欲擒故纵的小手段之一，另外，在他心情低落时，带给他乐观、开朗和阳光的正面感受，他会因心动而为你行动。也许他不会很强烈地表示他的热情，但是在他的心中，只要你已经占有一席之地，他就很难忘记你。

4. 偏爱短靴的男子有一颗脆弱的心

保护自己是他伪装自己脆弱心情的包装，有时候他表面上一副叛逆或是不屑的态度，其实在他内心深处却是在乎得要命，而且得失心非常重。

所以千万不要因他表面的心情而受影响或是产生主观的印象，因为这常常是不真实的，甚至是相反的。

你的积极进攻策略：心疼他脆弱的心，多关心他，多体贴他，有时候你一个真心又暖心的关怀，会让他感动得久久不能忘怀，当然，他的心也就被你动摇了！

5. 偏爱运动鞋的男子自然、随性

他不喜欢做作、不自然的人、事、物，更无法容忍心机重重的女孩。另外，喜欢大自然的他，也希望对方能和他一起自由地嬉闹，享受无拘无束的两人世界。

你的积极进攻策略：你的纯洁心灵和自然态度，会深深地吸引他，亲切可爱的笑容和待人处事，会令他更为你着迷。你可以稍稍主动，和他一同分享生活中有趣的事情，很自然地和他打成一片，有时候像他的哥儿们，有时候又像一个惹人怜爱的小女孩。这时候，他的心就在不知不觉中被你悄悄地偷走了。

从男人的走姿了解他的性情

想要了解一个男人，除了经过长时间的接触得知，还可以通过他的行为举止来洞察。不同性格的人，走路姿势也不尽相同，因而我们也可以根据男人走路的姿势来了解男人的性情。

1. 步伐急促的男人

这类男人是典型的行动主义者，他们大多精力充沛，精明能干，敢于面对生活中的各种困难，适应能力很强，凡事都特别讲究效率，不喜欢拖拖拉拉。

2. 步伐平缓的男人

这类男人走路时总是一副不急不慢的样子，无论别人怎么着急，他就是不放在心上，依然按照自己的速度行事。他们是典型的现实主义做派，凡事讲究沉着稳重，“三思而后行”，绝不好高骛远。

3. 走路时身体前倾的男人

这类男人大多数性格温软内向，不苟言笑，见到漂亮的女人时，多半会脸红；但他们为人谦逊，一般都具有良好的修养，从不花言巧语，非常珍惜自己的友情及爱情。与其他类型的男人比起来，他们总是受伤害最多的，而且不愿意向他人倾诉，常一个人生闷气。

4. 踱方步的男人

这一类型的男人沉着稳重，他们认为面对困难时最重要的就是保持头脑的清醒，不希望被任何带感情色彩的东西左右了自己分析、判断的能力。他们有时候也会觉得很累，但是，为了保护自己的尊严，他们很难在他人面前笑口常开，这是他们做人的原则。他们对自己的身体形态进行严格的控制，别人敬畏他们，而当他们一个人独处时，也感到十分压抑，因为他们涉世很深，城府极深。

5. 迈正步的男人

这类男人走路时如同上军操，步伐整齐，双手有规律地摆动。这种类型的男人意志力较强，对自己的信念十分专注，他们选定的目标一般不会因外在的环境和事物的变化而变化。这种类型的男人通常最容易让女人动心，也最容易让女人伤心，因为他们一旦盯上某个目标，就一定会不达目的誓不罢休。如果他们能够充分发挥自己的长处，一定收获颇丰，因为他们对于事业的执着是其他类型的男人所无法匹敌的。

从接吻中透视男人的性格

接吻是男女之间表达爱情的最常见的方式之一，而一个男人的接吻方式，也透露出他的隐秘性格，让我们来了解一下吧。

1. 倾入式接吻的男人

这种接吻方式显得有些粗暴，在缠住你的舌头之前，他的舌头就已经伸到你的喉咙的半道上了。有这种接吻方式的男人，往往有大男人主义的倾向，唯我独尊，他们往往没有考虑到对方的感受，入侵取代了温软，夺取超过了取悦。所以，对于这种男人，你可以直接告诉他你不舒服，希望他提高自己的接吻技巧，在意你的感受。

2. 啃咬式接吻的男人

这种男人在接吻时，往往是在你的上下唇上又啃又咬，有时候令你感觉非常疼痛。这种男人有过分激情、戏剧化的举动，但那并不代表他对你非常着迷，随着时间的流逝，他的热情将比谁都消逝得更快。

3. 游离式接吻的男人

接吻时，他的眼睛和他的心都不知道正在何处漫游，或者他根本就不知道这是在接吻。这种男人一般都比较浮躁，做什么事情都心不在焉。

4. 包围式接吻的男人

他的嘴巴把你的嘴巴完全包裹了起来，几乎不透露一点儿空隙。这种男人大多是大男人主义者。当他以这种方式与你接吻时，你可以这样告诉他："亲爱的，你这样吻我，我没办法回应你。"这样，他就会知道，女人也希望得到控制的力量，接吻并不是一个人的事情。

根据男人接吻部位的不同，男人的性格大致有以下几种类型：

1. 亲吻嘴巴

这类男人对爱情通常都很专一，吻了就代表以身相许，他们自信并有强烈的道德观念。

2. 亲吻头发

这种男人在两性关系上通常有极强的占有欲，经常吃醋，妒忌心重。在爱情中也是遇到挫折和受伤害最多的人。

3. 亲吻额头

这种男人是积极创造人生的人，他的人生关系非常好，能给人温柔体贴的感情，可谓好男人。

4. 亲吻眼睛

这种类型的男人有很强的自我牺牲精神，他希望能够降服心中的情人，可以为了所爱的人牺牲一切。这类男人通常也喜欢亲吻性感地带。

5. 亲吻鼻子

这类男人是一个有着双重性格的男人，他们喜欢做爱，不容易建立起良好的事业基础。

6. 亲吻耳朵

这种类型的男人最善解人意，他们能很容易地体察别人的心事或内心痛苦，在感情上，他敢爱敢恨，却很容易利用别人来达到自己的目的。

7. 亲吻脸颊

这种男人讲究以和为贵，重视友情，能始终忠于爱情，容易受骗上当。

8. 亲吻脖子

这种类型的男人对爱情不太专一，没有天长地久的爱情，却要求对方苦苦等待他。

从衣着特点解析男人个性

俗话说："佛靠金装，人靠衣装。"在现代社会，男人也越来越注重穿衣打扮，在不同的场合，穿不同的衣服。每个人在他日常的生活中，都会对某一种类型的衣装打扮情有独钟，这便是他的性格使然了。所以，大家不妨细心留意一下男人日常的穿衣风格，借此来分析男人的性格特征。

1. 衣着朴素的男人

这种穿衣风格的男人，为人比较淳朴、踏实，他们顺应社会、顺应他人，缺乏自己的个性。

2. 喜欢穿运动型服装的男人

这种男人一般都性情开朗，热情奔放，他们大多精力充沛，喜欢多变的生活，不喜欢一成不变的生活方式。

3. 喜欢着休闲服的男人

这一类型的男人一般都追求有品位的生活方式，他们崇尚自由，喜欢悠闲，洒脱，不受他人拘束。

4. 爱穿宽大衣服的男人

这一类型的男人一般都有着强烈的表现欲，希望处处都受人关注，有点爱慕虚荣。

5. 穿衣风格花样多变的男人

这一类型的男人通常情绪都不太稳定，意志力比较薄弱，害怕困难，害怕承担责任，有逃避现实的倾向。

6. 喜欢穿蓝色条纹的男人

这一类型的男人追求安稳的生活，因为这种颜色表示安定，这深刻地反映了他们本能上追寻安稳的生活需求。

7. 穿着超越社会时代的男人

这一类型的男人内心有一种非常强烈的优越感，具有一种开拓的精神，希望自己在某一领域中是一个引领者、开拓者。

8. 一点不关心流行服饰的男人

这一类型的男人通常个性都比较强烈，而且可能有自卑感，灵活性不强。

9. 拼命追求不适合自己的服饰的男人

这一类型的男人通常内心非常孤独寂寞，明知故犯，这是一种自暴自弃的行为。

10. 着装风格突然改变的男人

男人突然改变着装风格，说明他的心理也有了大的变化，他的个性、追求等发生了变化。

参考文献

[1]（日）栗山茂久 . 身体的语言 [M]. 上海：上海书店出版社，2009 .

[2] 李明 . 人际关系与沟通艺术 [M]. 北京：清华大学出版社，2012.

[3] 江结宝 . 言语交际新思维 [M]. 北京：中国书籍出版社，2012.

[4] 陈今夫 . 人际交往中的肢体语言 [M]. 上海：文汇出版社，2010.